Vivir y trabajar
con entusiasmo

Vivir y trabajar con entusiasmo

Vivir con alegría
en una sociedad de tarados

Victor Küppers

Primera edición en esta colección: agosto de 2020
Décima edición: mayo de 2025

© Victor Küppers, 2020
© de la presente edición: Plataforma Editorial, 2020

Plataforma Editorial
c/ Muntaner, 269, entlo. 1.ª – 08021 Barcelona
Tel.: (+34) 93 494 79 99
www.plataformaeditorial.com
info@plataformaeditorial.com

Depósito legal: B 13507-2020
ISBN: 978-84-18285-35-6
IBIC: VS

Printed in Spain – Impreso en España

Diseño de cubierta y fotocomposición:
Grafime

El papel que se ha utilizado para imprimir este libro proviene
de explotaciones forestales controladas, donde se respetan
los valores ecológicos, sociales y el desarrollo sostenible del bosque.

Impresión:
QP Print

Reservados todos los derechos. Quedan rigurosamente prohibidas,
sin la autorización escrita de los titulares del *copyright*, bajo las sanciones establecidas
en las leyes, la reproducción total o parcial de esta obra por cualquier medio o procedimiento,
comprendidos la reprografía y el tratamiento informático, y la distribución de ejemplares
de ella mediante alquiler o préstamo públicos. Si necesita fotocopiar o reproducir
algún fragmento de esta obra, diríjase al editor o a CEDRO (www.cedro.org).

A mi hijo Roni:
mi admiración por él
no ha encontrado todavía el límite

«... nadie te va a recordar por tu currículum,
sino por tu manera de ser...»

Índice

PRIMERA PARTE: (DIAGNÓSTICO)
ESTAMOS MUY TARADOS 13

Nota aclaratoria 15

La psicología positiva 19

La importancia del estado de ánimo:
    alegría de vivir 23

SEGUNDA PARTE: (TRATAMIENTO)
CÓMO VIVIR CON ALEGRÍA 43

Ideas simples, porque no hace falta
    complicarnos la vida 45

IDEA 1: decide vivir con alegría 49

IDEA 2: sé buena persona 67

IDEA 3: sal del bucle 87

IDEA 4: cuida lo más importante 99

IDEA 5: cuida tu salud 115

IDEA 6: sé proactivo 119

IDEA 7: para de vez en cuando 123

IDEA 8: ponte ilusiones 133

IDEA 9: ponle pasión a todo 137

IDEA 10: sé agradecido 141

Pequeña conclusión 147

Anexo: Proactividad (extraído del libro El efecto actitud*)* 151

PRIMERA PARTE: (DIAGNÓSTICO) ESTAMOS MUY TARADOS

Nota aclaratoria

Yo me dedico profesionalmente a dar conferencias. Hay personas que se dedican a repartir *pizzas*, otras trabajan en gasolineras, igual que existe una profesión que es la de dar conferencias. Cuando una empresa hace una reunión, cuando hay una convención o un congreso, invitan a alguien, pega el rollo y se va. Pues ese es mi trabajo cada día. Los conferenciantes estamos divididos en dos categorías. Hay, por un lado, la categoría del conferenciante experto, hay personas en la vida que tienen un coco privilegiado para estudiar, investigar, crear, desarrollar, innovar, hay personas que son muy inteligentes y se dedican a hacer conferencias sobre eso, sobre lo que saben. Y luego hay la categoría del conferenciante no experto, que es la mía. Yo no soy experto y nunca me ha dado vergüenza reconocerlo; no soy experto porque no quiera, que quiero, yo no soy experto porque no puedo. A mí me hubiera encantado dar conferencias y presentar mis estudios, mis investigaciones, hubiera disfrutado mucho investigando, pero, lamentablemente, yo no soy una persona especialmente inteligente y no tengo esa capacidad de investigar. Mi trabajo es mucho más fácil; de hecho, a veces pienso que es demasiado fácil. Yo me paso el día, para que te hagas una idea, leyendo a expertos; no soy experto, pero no soy tonto. Leo todos sus artículos, sus libros, sus documentos, sus publicaciones…, leo casi todo lo que se publica sobre psicología positiva, las ideas que me gustan las copio, las pego en un PowerPoint y las transmito, es así de fácil. De hecho, mi trabajo se resume en dos palabras: copiar y pegar. Ya cuando estaba en la facultad descubrí que tenía cierta facilidad para copiar y, mira por dónde, se ha convertido en mi actividad profesional. Lo digo porque a mí no me gustaría que pensaras que soy un experto, un referente o un especialista. No, no; en el ámbito de la psicología positiva hay muchos expertos, lo único que yo hago es leer a esos expertos, sus investigaciones y transmitirlas. Es

Nota aclaratoria

muy incómodo cuando te atribuyen un mérito que no tienes: el mérito no está en explicarlo, el mérito está en aplicarlo. No quiero que pienses que voy a decirte lo que tienes que hacer para vivir o trabajar mejor. Primero, porque bastante tengo yo con lo mío como para explicar a los demás lo que tienen que hacer. Y, segundo, porque yo no he hecho nunca el trabajo de las personas a las que imparto conferencias, nunca he tenido sus responsabilidades, no dirijo personas, trabajo solo, soy autónomo, tampoco tengo una experiencia vital importante sobre la que dar algún consejo. En mis conferencias nunca doy consejos ni sugerencias personales, yo no soy nadie para dar ninguna recomendación. Lo que intento en mis conferencias es reflexionar sobre ideas que todos sabemos, ideas muy sencillas y obvias, pero que en el día a día podemos olvidar.

Cuando doy una conferencia, me gusta mucho mirar las caras, y hay veces que, cuando empiezo a desarrollar el contenido, veo caras de personas que están pensando: «Vaya, a mí esto me parece como muy básico, ¿no?», pero, bueno, siempre hay alguien que es buena persona y piensa: «Pobre tío, debe empezar por lo más básico, pero luego ya verás como irá subiendo». Pues no, las conferencias no van subiendo, son de nivel básico, muy simples, son cosas que hemos escuchado muchas veces, cosas que hemos oído a nuestras abuelas, a nuestros padres… Pero son cosas que necesitamos recordar, porque en el día a día vamos tan rápidos que corremos el riesgo de olvidarlo. Este es el único objetivo de mi trabajo: ayudar a reflexionar y a ordenar ideas porque es algo que necesitamos todos, yo el primero, porque vivimos en un entorno en el que vamos por la vida como pollos sin cabeza y olvidamos a veces lo más básico.

La psicología positiva

El ámbito que yo estudio es el de la psicología positiva, una ciencia que nació hace más de veinticinco años impulsada por el doctor Martin Seligman. La psicología tradicionalmente ha estudiado qué patologías nos afectaban y buscaba soluciones más o menos exitosas, hasta que el doctor Seligman y otros colegas suyos pensaron que quizá sería también muy útil para las personas no solo trabajar sobre sus emociones y sentimientos negativos, sino también fomentar e impulsar emociones y sentimientos positivos.

La psicología positiva es una ciencia relativamente sencilla, pero detrás no hay opiniones personales de nadie, detrás de sus conclusiones y recomendaciones hay la misma metodología que en el resto de las ciencias; hay base empírica, personas que investigan, que estudian, hay tesis doctorales. Son ideas sencillas, eso sí, pero no una teoría de cuatro iluminados, la psicología positiva es simple pero seria, muy seria.

Lo que estudia la psicología positiva es, básicamente, qué hacen aquellas personas que van por la vida con alegría. Todo el mundo tiene una pareja, una amiga o un compañero de trabajo que, pese a los problemas y las preocupaciones, siguen siendo personas positivas, alegres, que le ponen ilusión a todo. Pues qué es lo que hacen esas personas es lo que analiza la psicología positiva, y una de las cosas que ha demostrado es que nuestra manera de ser no es solo genética, porque entonces sería una cuestión de suerte o mala suerte. «Vaya, has nacido cenizo, qué le vamos a hacer; claro, padres cenizos, abuelos cenizos, te casaste con un cenizo, vamos, que tienes el *pack* completo. Pero no es así. Es cierto que la genética influye, pero no condiciona. Hay una segunda variable que influye, que son las circunstancias, lo que nos ocurre, que por supuesto nos afecta, y hay un tercer factor: lo que cada uno de nosotros hace. Pues la psicología positiva se centra en esta última variable, analiza qué

La psicología positiva

es lo que hacen las personas que, pese a su genética o sus circunstancias, siguen afrontando la vida con alegría, entusiasmo, con una sonrisa. Y sobre ello vamos a reflexionar en las siguientes páginas.

La importancia del estado de ánimo: alegría de vivir

Yo empiezo siempre mis conferencias con una imagen. Iba a decir que la utilizo desde hace más de diez años, pero hace mucho tiempo que digo diez años, igual hace quince que empiezo siempre, sea de lo que sea la sesión, con la misma imagen: la de una bombilla.

Me gusta empezar con esta imagen porque aspiro a que al final de mis sesiones las personas recuerden algo y estamos tan cansados de rollos pataperos que creo que quizá, al ser algo visual, se acordarán. Mi trabajo sería muy frustrante si no aspirara a que las personas recuerden algo. Yo no me dedico al ocio o al entretenimiento, yo me dedico a la formación, y querría pensar que los conceptos que explico pueden ayudar a alguien.

Empiezo con esta imagen porque podríamos decir que todos los conceptos de la psicología positiva pueden condensarse en la imagen de una bombilla, porque todas las personas somos como bombillas con patas, porque transmitimos sensaciones. Hay veces que conoces a alguien y a los tres segundos de haberle conocido piensas: «Uau, ole, ole y ole, ¡me encanta esta persona!». Y hay veces que conoces a alguien y, al cabo de esos mismos tres segundos, piensas: «Oh, vaya, ole». Llámalo *feeling*, química, pero lo cierto es que todos transmitimos y captamos sensaciones, así son las relaciones humanas..., esa sensación de que alguien enseguida te gusta y te encanta o de que de alguien no te fías o no te gusta, hay algo que no te encaja. En ese sen-

La importancia del estado de ánimo: alegría de vivir

tido somos bombillas, porque transmitimos sensaciones y captamos las sensaciones que transmiten los demás. Somos bombillas, sí, pero hay personas que van por la vida a treinta mil vatios y hay personas que van por la vida fundidas, hay personas que siempre están contentas y hay personas que siempre van mustias, personas que sonríen y personas que van tiesas. ¿Qué es lo que hacen las primeras? Eso es lo que estudia la psicología positiva.

Lo voy a explicar mejor con un ejemplo. Hace tiempo me pasó una cosa en Barcelona que lo refleja muy bien. Iba a trabajar, debía ser media mañana y tenía que cruzar la ciudad de punta a punta hasta el hotel donde tenía la sesión. Cuando estoy en Barcelona me muevo en moto, me resulta más práctico y cómodo. En un momento determinado me encontré parado en un semáforo, al lado tenía un taxi, me fijé en el panel del coche y marcaba veintiocho grados, miré al taxista y le dije: «Veintiocho grados, qué calor, ¿no?», y el hombre se giró y me dijo: «Usted qué es, ¿meteorólogo?». Y te entra aquella rabia de decir: «Pero qué tío más burro, ¿no?, qué idiota, ha sido un comentario espontáneo», y ya salí del semáforo pensando que hay gente que va cruzada, que va de mal humor a mitad de mañana, que les den por saco. Total, seguí pasando semáforos y, cuando estaba llegando al hotel donde me tocaba trabajar, me encontré exactamente con la misma escena: yo parado en el semáforo y al lado un taxi. Me acuerdo que miraba el taxi y pensaba: «Me la juego, no me la juego», «Bueno, voy con casco, ¡me la juego!». Y yo buscaba en el panel del coche la temperatura, pero no la encontraba, y miré al taxista, que además tenía cara de divertido, y le pregunté: «Perdone, ¿qué temperatura le marca el coche?». Me miró y me dijo: «Veintiocho, ¿por?». Y le contesté: «Coño, ¡hoy moriremos como pollos!». Se giró y me dijo: «Yo no, ya me he acostumbrado a pasar tres veces al día por un túnel de lavado de coches y, justo cuando estoy en medio, bajo todas las ventanillas, abro incluso el maletero, y que entre el agua, ¡venga!, y a trabajar fresquito, mire, salgo goteando». Y salí del semáforo pensando: «Joder, mira que es fácil el ámbito que yo estudio». Porque la psicología positiva podría reducirse a esta simple anécdota. ¿Cómo puede ser que haya personas que el mismo día de la semana, en el mismo lugar, en la misma ciudad, a la misma hora, con el

La importancia del estado de ánimo: alegría de vivir

mismo trabajo, con la misma temperatura, son positivas, son alegres, sonríen, tienen sentido del humor...? Y que haya otras que con exactamente las mismas circunstancias son rancias, mustias, bordes, antipáticas y se quejan por todo. ¿Dónde está la diferencia? Porque, lamentablemente, las personas con las que nos cruzamos habitualmente tienden a parecerse cada vez más al primer taxista. No sé cuál es tu experiencia, pero normalmente no vas por la calle, te encuentras con alguien y dices: «¡Hombre, qué tal! ¿Cómo estás?», y te contesta: «Pues, mira, ¡entre brutal y espectacular!». Porque lo miraríamos y diríamos: «Vaya, ¿te estás medicando?, ¿te ha visto un médico?, ¿estás en buenas manos?». Porque sería absurdo, no sería lo normal. Y no sería lo normal, lamentablemente, porque, si hiciéramos un diagnóstico de cómo estamos como sociedad, el diagnóstico es muy sencillo: estamos muy tarados. Estamos muy tarados. Pido disculpas si te molesta esta palabra, es una expresión propia, no hay ningún psicólogo que la utilice, por supuesto, pero, cuando uno lee a los expertos en el ámbito de la psicología positiva al describir a la sociedad occidental, el adjetivo que más utilizan para describirnos es el de personas desanimadas; desanimadas, cansadas, agotadas, estresadas, presionadas, angustiadas. Para mí sería muy fácil demostrarlo, podría poner la estadística de venta de psicofármacos: pastillas contra el estrés, la ansiedad, la depresión, pastillas para dormir por la noche... ¡Es de locos!, estamos en máximos históricos. Miras el *ranking* mundial y este país siempre sale en posiciones de privilegio... Es un país de tarados, un país de pastilleros, y eso se traduce en personas que han perdido la alegría, personas que han dejado de sonreír, personas que han perdido las ganas, que han perdido la ilusión. Lamentablemente, cada vez hay más personas que viven así, y no lo merecen.

Lo voy a explicar de otra manera. Si eres de pueblo, lo vas a entender enseguida. Yo vivo en Camprodón, un pueblo que tiene mil quinientos habitantes, pero mi trabajo es el 99 % de los días en Madrid o Barcelona. Las personas que viven en ciudades grandes no se dan cuenta, pero caminan más rápido que el resto de los seres humanos. Yo camino por estas ciudades y a veces pienso: «Me estoy quedando rezagado, me adelantan por la derecha, por la izquierda». Todo el mundo corre, todos va-

La importancia del estado de ánimo: alegría de vivir

mos pegados a un teléfono móvil, con cara de mal humor, estresados, casi nadie sonríe, nadie se saluda. ¡Nadie se saluda!, esto es lo que más nos choca a los que somos de pueblo. Tú te subes al tren, al metro o al autobús en una ciudad grande y cuando te sientas te separan dos centímetros de una persona, no es un bulto peludo con patas, no, ¡es un ser humano! Pues lo más normal es sentarse y no decir nada. Y lo peor de todo es que no nos sorprende. Estamos tan tarados que somos capaces de sentarnos a dos centímetros de otra persona, no decir nada y asumir que es lo normal. Al contrario, tú prueba un día a sentarte y a la persona de al lado le dices: «Buenos días, ¿qué tal?». Como digas «¿qué tal?», ya verás como agarra el bolso con más fuerza! «¿Qué tal?, coño, que me atracan!». Porque en un país de tarados la gente no se saluda, la gente camina rápido, va a la suya, con cara de mal humor y esperando que sea viernes.

En esta sociedad hay un virus, un virus invisible, pero muy extendido y muy contagioso. Es el virus del uuufff, que no sé bien cómo se escribe, pero existe. Piensa, por ejemplo, cuando llamas a alguien y le preguntas: «¿Qué tal en el trabajo?»

y contesta: «Uuuufff, pues aquí, aguantando», o cuando vas por la calle y te encuentras a una persona que hace tiempo que no ves: «Hombre, Margarita, ¿cómo estás?», ¿y qué nos dice la tal Margarita?: «Uuufff, aguantando, luchando, tirando, sufriendo, mucho lío, si te cuento..., mejor no te cuento». El más habitual es «tirando»: «¿Qué tal?», «Tirando, tirando», y la típica respuesta: «Bueno, ¡pues ya es mucho!». Y vamos así, sin darnos cuenta. Pues vivir así es vivir como un mediocre. Ya sé que es una palabra muy contundente, pero no es mía: los expertos usan *mediocre* en el sentido de que todo aquel que en su vida no tenga un drama y no viva con pasión, con alegría, con ilusión vive en la mediocridad. Dicho de otra manera, si tú, que estás leyendo este libro, no tienes en este momento un drama en tu vida y no notas que vas con ganas por la vida, te estás conformando con la mediocridad. El estado natural de una persona normal, el estado natural de una persona sana, tu estado natural es ir chutado, alegre, disfrutar de lo que haces, sonreír, saludar a la persona que tienes al lado.

Vivimos en una sociedad anestesiada, hemos confundido lo habitual con lo normal, y este es el

La importancia del estado de ánimo: alegría de vivir

origen del problema. Hemos confundido lo habitual con lo normal. El desánimo es cada vez más habitual, pero no es normal, es habitual, y lógico, por otra parte, si no, haríamos demagogia. Basta con levantar la cabeza, mirar alrededor y ver cómo está el panorama: en los ámbitos político, económico, social... Todo son malas noticias. El entorno está lleno de incertidumbre, preocupaciones, inquietudes. Súmale los problemas que tienes en el terreno profesional, porque todos los trabajos se han complicado mucho, hay más presión, más exigencia, muchos cambios, todo es urgente, para ya. Vamos, para ir animados. Vamos a añadirle encima los problemas que tenemos en nuestra vida personal, porque somos humanos y a todos nos afectan nuestros problemas. Hay quien tiene una madre que está enferma, pobrecita, o un problema de pareja, o un hijo que está en la edad del pavo, o hay quien es de Barça, como yo, y no siempre tenemos alegrías. Y, claro, hay gente que dice: «Perdona, es que entre los problemas del entorno, los problemas personales, los profesionales y los deportivos, esto del ánimo, de la alegría, pues que no lo veo». Y es muy lógico, porque vivimos en una sociedad en la que hace muchos años que no tenemos alegrías. Todo son disgustos, preocupaciones, injusticias. Por eso el desánimo es tan habitual, tan lógico, pero habitual no es normal. Lo que pasa es que, cuando uno está tarado y vive constantemente rodeado de tarados, uno no es consciente de que está tarado. No nos damos cuenta. El que camina en las ciudades grandes no es consciente de que camina rápido porque es el ritmo al que van los demás, el que va pensando: «Ojalá fuera fin de semana», pues como todos; el que va con el «uuufff», pues lo normal. Pues no: es lo habitual, no es normal. Es como si te levantas una mañana y no puedes doblar la rodilla, pues será que algo pasa. Pues no pasa nada, «ya voy tirando». ¿Cómo que «voy tirando», tontolaba? Si no puedes doblar la rodilla, te vas al centro de salud, eso es lo que hacemos los de pueblo, sentido común. Pues esto es lo mismo: si notas que estás perdiendo el ánimo, que vas sin alegría, que estás perdiendo la ilusión, si no disfrutas de tu trabajo, si estás esperando a que llegue el fin de semana, tienes que reaccionar. Eso no es normal; es habitual, pero no normal. Y está en tus manos cambiarlo, solo en las tuyas, y se puede

La importancia del estado de ánimo: alegría de vivir

hacer ☺. Porque el día que asumes que el desánimo es lo normal entonces no harás nada para cambiarlo, te resignas, te conformas, y cuando alguien toma este camino es solo una cuestión de tiempo que en su vida queden únicamente tres palabras: amargura, tristeza y mal humor, y hay muchas personas que van por la vida amargadas, tristes, de mal humor; y vivir así es asqueroso. Si no hubiera alternativa, diríamos: «Bueno, aguantemos, ya vendrán tiempos mejores, es lo que hay…» y esas cosas que se dicen. Pero no es verdad, claro que hay alternativa, lo que la psicología positiva propone son hábitos que todos podemos aprender. Igual que hay hábitos para comer sano, hay hábitos para aprender a pensar sano, para enfocar la vida, con los mismos problemas y preocupaciones, pero con optimismo, con esperanza, con alegría. Son hábitos, hay que conocerlos y practicarlos. Esto es como el Ctrl+C y el Ctrl+V para copiar y pegar con el ordenador. En la facultad a veces veo a algún alumno que hace con el ratón: menú-edición-copiar y luego menú-edición-pegar, y siempre que lo veo me acerco y le digo: «¡Vamos a ver, merluzo! Ctrl+C y Ctrl+V, ¡que te voy a salvar la vida!», es mucho más rápido y cómodo. Con el tiempo practican y lo pillan, se dan cuenta de que es mucho mejor hacerlo así. Pues los hábitos que propone la psicología positiva funcionan de la misma manera.

¿Y por qué tendría que preocuparnos adquirir estos hábitos? Tendría que preocuparnos y tendríamos que reaccionar porque tenemos que ser conscientes de que el día que pierdes el ánimo has perdido lo mejor que tienes. Cuando te desanimas no pierdes tus conocimientos ni tu experiencia ni tus capacidades, cuando te desanimas pierdes tu actitud, tus ganas, tu ilusión, que es lo más importante que tenemos; pasas de ser una persona absolutamente descomunal, que es lo que eres, a ser una persona del montón, de ser un profesional increíble a ser un profesional mediocre, de ser un padre fantástico a ser un padre serio, correcto, normalito. Porque cuando pierdes el ánimo, es inevitable, le pones un poquito menos de ganas, un poquito menos de cariño, un poquito menos de interés, y entonces entras en la mediocridad. Y hay muchas personas que van por la vida de mediocres, no porque lo sean, no hay nadie que sea mediocre, nadie, es un problema de ánimo: el áni-

La importancia del estado de ánimo: alegría de vivir

mo es lo que nos mueve, en una sociedad que tiende a que lo perdamos.

En tu vida personal y profesional las cosas van según muchas variables, pero la más importante de todas es tu estado de ánimo. Piénsalo a ver si estás de acuerdo: en tu vida personal y profesional hay muchos factores que influyen, pero el más importante de todos es tu estado de ánimo. Por eso es tan importante cuidarlo. Ya sé que si digo que el estado de ánimo es importante, conceptual e intelectualmente lo entendemos todos. Pero voy a poner un ejemplo para intentar hacerlo mucho más patente. A mí me gusta mucho el fútbol, y muchas veces pongo ejemplos futbolísticos, porque la vida es fútbol, hay personas que no han entendido esto, pero cada uno tira su vida como quiere ☺. Vamos a imaginar un tal Paco y vamos a imaginar que su equipo juega un partido importantísimo, no sé, una semifinal de la Champions. Y que el partido acaba con un resultado de 4-0 a favor y que pudiéramos verlo por un agujerito en su casa. Seguramente lo veríamos en el sofá de su casa, contento, alegre, eufórico, celebrándolo con una cervecita, y su pareja viene y le dice: «Paco, hoy te toca lavar los platos», «¿Los platos?, ¡los platos y lo que haga falta, cariño, hoy lo lavamos todo!», porque así se lavan los platos cuando uno está en la final de la Champions, con alegría, Fairy va, Fairy viene, y a lavar los platos. Que hay que bajar la basura, ¿cómo baja Paco la basura esa noche? Coño, pues bajando los escalones de dos en dos y, si se cruza con un vecino que le da las buenas noches, le contesta: «¿Buenas noches de qué? No seas rancio, ¡dame un abrazo, que te quiero un montón!». Porque cuando estás en la final de la Champions tienes ganas de abrazar todo lo que se mueve, ¿o no? ¿Y cómo tira la basura al contenedor? Pues haciendo un gancho, ¡ole! Porque no necesitamos un experto que nos explique estas cosas, todos tenemos la experiencia, lo hemos vivido. Tú sabes perfectamente que cuando estás contento, motivado, cuando tienes ilusión, cuando disfrutas de lo que haces…, cuando tienes alegría, esa es la palabra, cuando tienes alegría, sacas lo mejor que llevas dentro. Piénsalo. Porque existe ese tú, y es el tú en su mejor versión, con tus mejores actitudes, tus mejores sentimientos, tus mejores emociones… Es un tú fabuloso el que todos tenemos cuando esta-

La importancia del estado de ánimo: alegría de vivir

mos alegres. ¿Cuál es el problema? El problema es la sociedad de mierda en la que vivimos, en la que todo son preocupaciones, exigencias, presión, estrés, todo es urgente. Y eso, poco a poco, sin darnos cuenta, nos va desanimando.

Vamos a imaginar al tal Paco el mismo día, pero si su equipo hubiera perdido 0-3. Pues lo veríamos en su casa, en el mismo sofá, pero arrugado y enfadado. Y su pareja viene y le dice: «Paco, que te toca lavar los platos», «¿Los platos?, y un churro, los platos, ¡encima!, que acaban de meternos tres», «Pues baja la basura, que te toca», ¿y cómo baja Paco la basura por las escaleras? Son las mismas escaleras, sí, pero las baja arrastrando los pies, porque así se bajan las escaleras cuando estás fuera de la Champions, arrastras los pies, lo sabré yo. Se encuentra con un vecino que le da las buenas noches y «¿Buenas noches de qué? ¡Que te den, mamón!». ¿Y cómo tira la basura al contenedor? Pues de mal humor, «Coño con el contenedor, siempre me toca a mí». Porque también lo hemos vivido. Cuando no estás contento, cuando no estás motivado, cuando no tienes ilusión, cuando estás hasta el coco de todo, cuando vas sin alegría —esa es la palabra importante– sacas lo peor que llevas dentro. Porque también existe ese tú, y es el tú en su peor versión, con tus peores actitudes, tus peores sentimientos, es un tú asqueroso que todos tenemos cuando estamos de mal humor.

¿Y qué plantea la psicología positiva? Pues una cosa muy simple: la diferencia entre el tú en su mejor versión y el tú en su peor versión es tu estado de ánimo. Lo que hace que saques lo mejor que llevas dentro, o que saques lo peor, es tu estado de ánimo, tu nivel de alegría; lo que hace que seas esa persona tan fantástica y extraordinaria que eres, porque lo eres, o que seas esa persona de mierda que también todos podemos ser es tu estado de ánimo. Ahora bien, lo segundo que dice es mucho más importante: el estado de ánimo que tú tienes se trabaja. No es algo aleatorio o que solo dependa del entorno, no, no, se puede trabajar. De hecho, si no tienes un drama en tu vida, tú tienes el estado de ánimo que quieres tener. Así de claro. Ya sé que es una frase muy dura, yo también lo pienso, pero es una máxima en psicología positiva: si no tienes un drama, el estado de ánimo que tú tienes es el que tú quieres. El estado de ánimo se puede trabajar, es tu responsabilidad. Hay cosas que son nuestra responsabilidad personal, no todo depende de terceros ni depende de los políticos ni depende de tus jefes. Hay cosas que son nuestra responsabilidad y el estado de ánimo es una de ellas, como lavarse los dientes. Tú sabrás si lo haces o no. No es fácil, claro que no; fácil es lo que hago yo, que es explicar las cosas. El mérito está en aplicarlo, en intentar poner el esfuerzo, porque al final es como un hábito. Es un hábito, y los hábitos, con el tiempo, acaban formando parte de tu manera de ser.

Cuando la psicología positiva habla de alegría no se refiere a ser payaso, chistoso o gracioso; eso es ser pesado. La psicología positiva trabaja un concepto que es muy chulo que se llama *alegría de vivir*. Todos sabemos lo que es, porque la hemos experimentado, lo sabemos, cuando tienes alegría de vivir la vida es brutal; cuando tienes alegría de vivir, la tienes un lunes, la tienes un jueves, la tienes trabajando y jugando al *ping-pong*. Pues eso es lo normal. Si tú no notas habitualmente que vives así, hay dos posibilidades: 1) Tienes un drama en tu vida. Entonces está más que justificado no transmitir alegría, solo faltaría! Hay personas que con un drama transmiten alegría, pero eso son héroes, está más que justificado que uno no sonría si tiene problemas muy gordos. 2) La segunda posibilidad es que en tu vida no haya dramas. Entonces no está justificado no ir con alegría. Si no tienes ningún drama en tu vida y no notas que vas habitualmente alegre, entonces tienes que reaccionar, no te puedes conformar, y tienes que hacerlo, primero, porque no te lo mereces y, segundo, porque no es lo normal. Todos los expertos ponen el mismo ejemplo: ¿sabes cuando te enamoras?, hay una sensación de alegría inmensa los primeros meses, todo es fantástico, maravilloso... Eso se llama euforia. No podemos vivir siempre en un estado de euforia, nos moriríamos, pero un escalón por debajo de la euforia, solo un escalón por debajo, está lo que se llama la alegría de vivir, y es esa sensación tan fantástica de decir: «Estoy contento, ¿por qué?, no lo sé, estoy contento». Pues eso es lo normal. No es lo habitual, lo más frecuente o lo que más vemos, pero vivir así es lo normal, y uno tiene que aspirar a ser normal en una sociedad de anormales. Porque eso es en lo que nos estamos convirtiendo: en una sociedad de anormales. Parece que todo sea negativo, que los

La importancia del estado de ánimo: alegría de vivir

lunes sean una mierda, que no se pueda disfrutar trabajando, que no haya motivos para sonreír. Hay que luchar para ser normales, porque nos lo merecemos.

SEGUNDA PARTE: (TRATAMIENTO) CÓMO VIVIR CON ALEGRÍA

Ideas simples, porque no hace falta complicarnos la vida

¿Y qué hace la gente que va con esta alegría de vivir? Hay ciencias que estudian con ratones, pues la psicología positiva estudia con personas, analiza a esas personas que son vitalmente alegres y analiza qué es lo que hacen. ¿Y qué han descubierto? No ha descubierto que hagan cosas raras o extrañas. Imagina que te dijera que se ha comprobado que la gente que va con alegría se levanta cada día a las dos y cuarto de la mañana y que a continuación hace media maratón. Pues, ya sabes, es fácil: a partir de mañana, a las dos y cuarto en pie y si vives en Madrid, te vas a Getafe y vuelves… Probablemente pensarías: «Pues, la verdad, qué quieres que te diga, yo casi que prefiero ser mustio, porque a esa hora ni que venga una grúa, a mí no hay quien me saque de la cama». Pero es que no son personas que hagan cosas extrañas, y mira que hay gente que se empeña en hacer cosas raras. Los expertos tampoco nos proponen ideas que digas: «¡Uau! Por fin, he encontrado la gran idea que me va a cambiar la vida». No. Las ideas que proponen son muy sencillas, todos las hemos escuchado muchas veces, nadie las discutiría, todos estamos de acuerdo. Entonces, ¿por qué no las aplicamos? Pues muy sencillo, porque nos ha tocado vivir una época en la que vamos todo el día corriendo, vamos acelerados, estresados, como pollos sin cabeza. Nos despertamos con prisas y nos acostamos estresados, nos levantamos con problemas y nos vamos a dormir con más preocupaciones. Piensa cuándo ha sido la última vez que has pensado: «Vaya, no tengo nada que hacer». No existen momentos así, todo el día rápido de un lado a otro, el trabajo, la vida personal, una locura. Y cuando corremos no pensamos que ese es el problema. Si todos lográramos cinco minutos al día solo para pensar, para ver las cosas desde fuera, para respirar, entonces estaríamos salvados. Pero no tene-

Ideas simples, porque no hace falta complicarnos la vida

mos esos cinco minutos porque tenemos muchas cosas que hacer y cuando vamos rápido entonces no pensamos, olvidamos lo más obvio. Porque las seis ideas que proponen los expertos son obvias.

IDEA 1:
decide vivir con alegría

Las personas que viven con alegría no son personas que no tienen problemas, ni personas que viven en el norte, o en el sur, o casados, o solteros, o con perro. No. Son personas iguales que las demás pero que han *decidido* que quieren vivir con alegría. Ser alegre no es una consecuencia de algo, ser alegre no es una suerte, no es un don, ser alegre no es no tener problemas, ser alegre es una decisión, es una elección. Hay mucha gente que se empeña en que es genético, pero no lo es, la alegría de vivir no es genética. Cuando nacimos, a nuestros padres no les dijeron: «Enhorabuena, es niño, dos kilos ochocientos y, lástima, pinta cenizo». No, nadie nace cenizo. Todos conocemos a personas que van por la vida dando botes de alegría como si hubieran ganado la Champions cada día y todos conocemos a personas que van por la vida arrastrando los pies, y uno tendría que preguntarse: ¿y yo cómo voy por la vida? ¿Voy dando botes de alegría o voy arrastrando los pies? O ¿cómo me gustaría ir? Porque vayas como vayas es tu decisión y, si eres consciente de que yendo de una manera u otra vas a obtener unos resultados mejores o peores, tienes que ser responsable e intentar luchar para elegir vivir con ánimo y con alegría.

Las personas alegres siguen teniendo los mismos problemas y preocupaciones que tienen las demás, lo que pasa es que han decidido que quieren vivir con alegría. Sin embargo, nos hemos acostumbrado a vivir en una sociedad en la que las personas no sonríen. Piensa en tu pareja (si está a tu lado no la mires ☺); piensa en ella cuando erais novios, cuando empezabais a salir. ¿Cómo era? Piénsalo. Sí, ¿eh?, sonreía, era agradable, todo le parecía bien. ¿Y cómo es ahora? No nació así, hubo un momento en que era alegre ☺. Las preocupaciones, la responsabilidad, el día a día nos vuelven mustios. A ti también, quizá. Haz este otro experimento, si quieres, para darte cuenta de la sociedad en la que

Idea 1: decide vivir con alegría

vivimos. Observa a las personas que van por la calle, pero no cuando van en grupo, porque cuando vamos con otras personas intentamos ser agradables y educados. Observa a las que caminan solas, que son aquellas que van pensando en sus cosas. Ya lo verás, la mayoría de las personas que caminan solas, sobre todo en las grandes ciudades, transmiten inquietud, prisa, enfado, preocupación, estrés o tristeza. Cuesta mucho encontrar a alguien que sonría. Cuesta encontrar a alguien que parezca alegre; es más, nos sorprendería o incluso nos asustaría. «Mira a aquel de allá, ¿se le ve alegre, ¿eh?, mira cómo sonríe», «Sí, sí, es verdad, sonríe. Viene hacia aquí, ¿no? Sí, sí, ojo, ¡ojo!, que viene para acá»... Es una pena, pero esta es una sociedad cada vez más triste, en la que lo normal ya ha pasado a ser lo anormal.

A mis alumnos de la facultad no los echo de clase ni porque coman ni porque beban ni porque hablen; a mí eso me parece irrelevante. Creo que se puede comer o beber y aprender, es compatible, mientras no manchen y no salpiquen, no tengo problema. Ahora bien, lo que no les perdono es una cara seria. Y lo explico el primer día de clase, les digo: «Señores, sepan que en esta asignatura el que tenga cara seria será expulsado». Pues no hay día en la facultad que no eche a dos o tres. Ya me he acostumbrado a gestionar cien caras y a veces estoy dando clase y de repente le digo a un alumno: «Usted, el de verde, fuera, a la calle», y te contesta: «Profe, pero ¿qué he hecho?», porque además se indignan; «Hombre, pues que está usted mustio», «Pero ¿cómo que mustio? ¿Esto es una broma o qué? Son las ocho de la mañana, estoy aquí escuchando y tomando notas...», «Pues eso, a escuchar y tomar notas a la calle». Porque ese es el poder que aún tenemos los profesores, podemos echar a los alumnos ☺, aunque, por supuesto, se van enfadados. Hay días en que me animo y digo: «Venga, toda la fila, a tomar por saco, a la calle», y salen de catorce en catorce. Se enfadan, claro, imagínate el que se ha pegado el madrugón para estar en clase a las ocho y a las ocho y cinco lo expulso porque está serio, me dicen de todo: «A la mierda, pues no vengo más, ¡que le den!». Hace dos años recuerdo que un alumno salía expulsado y antes de cerrar la puerta asomó la cabeza y me dijo: «Le espero fuera», y ya di la clase con tensión. Recuerdo que me

Idea 1: decide vivir con alegría

asomaba a la ventana que tiene la puerta del aula y pensaba: «Coño, que está sentado esperándome, ¡este me pela!». Y a veces me encontraba por el pasillo al decano, que es el que manda en la facultad, y me decía: «¡Hombre, profesor Küppers! Venga para acá, que con usted quería hablar. Sus alumnos vuelven a quejarse de que usted los echa de clase porque no sonríen», «Pues sí señor decano», «Hombre, nos parece un criterio como mínimo caprichoso». Y le decía con todo el respeto: «Pues mire, disculpe, con todo el cariño, pero mi asignatura, por la que me pagan, se llama Gestión Comercial, Gestión Comercial, no se llama Inspección Fiscal, porque si fuera profesor de Inspección Fiscal, entendería que sonreír es un hándicap, no lo sé, no me imagino a un inspector fiscal que vaya partiéndose de risa de los sujetos que inspecciona, pero en el mundo de las relaciones humanas, que es el nuestro, las cosas van según lo que transmites. Y lo que transmites empieza por tu cara. Yo a mis alumnos los quiero mucho, de verdad. A mí dar la clase de las ocho en Barcelona me supone levantarme a las cinco y cuarto en mi casa, yo vivo en el Pirineo, y también me gusta dormir, de hecho, me encanta dormir, no voy a tocarles las narices, pero vienen a aprender. Es verdad que puede que yo me haya obsesionado un poco leyendo tanta psicología positiva, es posible, pero también es verdad que todas las personas que he conocido en mi vida y que me han gustado, todas las personas que he admirado, no ha sido por su cargo o por su currículum, ha sido por su manera de ser. Pues yo quiero eso para mis alumnos, quiero que cuando vayan por la vida y se crucen con alguien, ese alguien piense: «¡Ole, ole y ole! Me encanta esta persona!». ¿Y por qué hay personas que nos gustan y otras que no tanto? No es un problema de la ropa ni de gafas, ni de pelo o falta de pelo, es la sonrisa. Hay personas agradables y personas desagradables, personas que sonríen y personas que tiran pa tras. Es fabuloso encontrarse con alguien sonriente, alguien amable, agradable.

Es verdad que hay gente a la que la biología la ha ayudado y ya tiene de nacimiento una cara alegre, pero no todo el mundo tiene esa suerte. Hay alumnos que se me enfadan y me dicen: «Pues es mi cara, profe, no tengo otra». Y no es verdad, uno no es responsable de la cara que tiene, pero sí de la que pone. Se puede ser feo, claro que sí, pero feo y desa-

Idea 1: decide vivir con alegría

gradable, no. Es penosa la gente que dice: «Yo soy así». ¡Pues cambia!, los demás no tenemos la culpa. La vida se divide entre «los que son como son» y los que soportamos a «los que son como son». Hace años nos explicaban que nuestra manera de ser se formaba de los cero a los cinco años y luego, ¡luego habías pringado! Ahora se sabe que no es verdad, las personas cambian, la neuroplasticidad del cerebro es un concepto más que demostrado por los investigadores. Tú eres casi casi como quieres ser, puedes mejorarte. Quizá yo no seré nunca la persona más paciente del mundo porque la genética, mi temperamento, me condiciona, pero puedo aspirar a ser la persona más paciente que yo puedo ser. Pues igual con la alegría.

Ya sé que estamos tratando un tema muy simple, el de sonreír, pero no es banal. Hay personas que no han entendido que su principal problema lo tienen en su cara. Hay un proverbio chino que dice: «El hombre cuya cara no sonríe no debería abrir una tienda». Es de cajón, ¿no?, el hombre cuya cara no sonríe no debería abrir una tienda, por prudencia, que haga otra cosa. Pues piénsalo, ¿cuántas tiendas cerrarían en este país si aplicáramos este criterio?, ¡empezando por las de los chinos!, porque ni ellos han pillado su propio proverbio. Pues hay que aplicárselo. Una persona que no sonríe no debería trabajar con otras personas; no debería trabajar, de hecho. Ni tener familia. Porque una persona que no sonríe genera tensión, mucha tensión y mal ambiente. ¿Conoces a alguien que huela mal? Sería un hándicap, ¿verdad? Imagínate un médico que huela mal. «Sí, sí, pero sabe mucho», «Ya, pero es que huele muy mal», «Cierto, pero tiene mucha experiencia», «Jo, pero es que huele fatal, ¿no ves que entra en la habitación y el paciente palma?». Sería un hándicap importante. Pues esto es lo mismo: «Es que no sonríe», «Ya, pero sabe mucho», «Sí, pero no sonríe», «Pero tiene mucha experiencia», «Pues que trabaje en el sótano, coño, sin tener contacto con nadie». Las personas que no sonríen no nos gustan, así de sencillo, qué quieres que te diga, seremos raros, pero nos generan tensión, mal rollo. No nos gusta la gente que es seria, antipática, chula, borde, prepotente o arrogante, el que siempre está enfadado, el que se queja por todo, el que siempre le parece mal hagas lo que hagas, vamos, el típico cuñado que tenemos casi todos, ¡no nos

Idea 1: decide vivir con alegría

gusta! Nos gusta más el otro, el que no va de *crack* ni falta que le hace, el que se equivoca, como todos, el que es agradable, el que sonríe, el que tiene un punto de humor. Nos gustan las personas normales, las personas agradables y alegres. Hay gente que sonríe, gente que es fácil, es un concepto que me cuesta mucho explicar, pero nos gusta la gente fácil, no nos gustan las personas complicadas, que lo discuten todo, que siempre están enfadadas… A la gente fácil, en la vida todo le es mucho más *fácil* también, porque, como consecuencia de su carácter, las cosas son mucho más *fáciles*. Es una consecuencia de su manera de ser alegre y positiva. Porque la vida va de relaciones humanas, y en las relaciones humanas cuentan mucho las sensaciones, cuenta mucho esta conexión que hay cuando una persona es agradable, nos gustan esas personas.

Pues tú puedes decidir ser así, porque lo que hacen las personas que son alegres es lo mismo que puedes hacer tú si quieres, porque son personas como las demás, con los mismos problemas y preocupaciones, pero que han decidido que quieren vivir así. No somos conscientes del poder que tienen nuestras decisiones. Puedes cambiar toda tu vida con una decisión. Cuando vamos «anestesiados» no controlamos nuestras vidas, no tomamos decisiones importantes. Hay personas que simplemente pasan por la vida sin enterarse: nacen, crecen, se reproducen, discuten y mueren. Como una acelga. Tenemos un poder enorme tomando decisiones. Eso nos distingue de los animales. Stephen Covey lo explicaba de manera muy clara: entre un estímulo y una reacción hay un espacio que tenemos los humanos, que es nuestra decisión. Entre una circunstancia y nuestra reacción a ella podemos elegir. Esa es la libertad y la gran responsabilidad que tenemos los humanos: podemos elegir cómo reaccionar a lo que nos pasa, el entorno, las circunstancias nos afectan, nos condicionan, es cierto, pero al final tú decides, solo tú, cómo reaccionas. ¡El poder de nuestras decisiones es fantástico! Pues así se cambia y así se mejora. Una acción repetida muchas veces se convierte en un hábito y nosotros somos la suma de nuestros hábitos, ya lo decía Aristóteles, si es que está todo inventado. ¿Qué es lo que no te gusta en tu vida? Hay personas que un día decidieron dejar de fumar y llevan ocho años, y todo empezó con una decisión y luego mucho empeño. Hay personas

Idea 1: decide vivir con alegría

que deciden correr por las mañanas, muchas, mira por la ventana y verás que este es un país de Forrest Gump. Muchas cosas empiezan con una decisión y luego el esfuerzo por mantenerla; pues hay personas que han decidido que les da la gana vivir con alegría. Así de simple. Y ¿por qué lo deciden? Pues lo deciden básicamente por tres motivos.

Primero, porque la sensación de ir alegre es fantástica. No me creo que alguien prefiera la sensación de estar enfadado, cabreado, no es verdad. Nos gusta la sensación de alegría y, como podemos elegir, porque podemos, yo prefiero elegir una sensación de alegría por lo que hablábamos antes: la vida es brutal cuando uno va alegre.

El segundo motivo es porque evitas muchos conflictos, porque la mayoría de los problemas que tenemos con otras personas son porque estamos de mal humor. Cuando entro por la puerta de mi casa sé si me toca cocinar o no, porque nos repartimos los días. Cuando no me toca cocinar reconozco que entro relajado, ligero, a veces demasiado desconcentrado, y la lío. A lo mejor entro y le digo a mi mujer: «Buenas noches, ¿qué hay para cenar?», «¿Para cenar?, pero ¿tú qué te piensas que es esto, un restaurante, un hotel? A ver si me entero, ¿tú te sientas y yo te sirvo?, porque no lo he pillado». Eso nos ha pasado a todos, y cuando uno está de mal humor, esta pequeña circunstancia es suficiente para convertirse en una batalla campal, en esas cenas silenciosas que todos hemos vivido, cenas de cuchillos... «¿Te pasa algo?», «No, ¿y a ti?», «Tampoco»... Hasta que después de cinco días uno de los dos, normalmente el mejor de los dos, se acerca y dice: «Oye, perdona, eh, que igual fui yo», «No, no, discúlpame, que quizá fui yo», «No, no, no, insisto»... ¿Cómo que insisto, merluzo? Has estado cinco días de mal humor con una persona a la que quieres mucho por una chorrada.

Pero cuando estás de buen humor y te encuentras con esta misma circunstancia, relativizas la situación, sabes que eso no es un problema gordo, que no vale la pena discutir por una tontería. Y, segundo, el buen humor te ayuda a reaccionar mejor. La de veces que he metido la pata de esta manera, pero entonces miro a mi mujer y le digo: «Eh, alto, que esta era la toma falsa, era una prueba para ver cómo reaccionabas, que era broma». Cuántas veces he tenido que recoger la mochila, volver a salir de casa

Idea 1: decide vivir con alegría

y entrar de nuevo, y entonces entrar como Dios manda, concentrado: «Voy para allá, ¡toma buena!». Y entonces entro: «Hombre, cariñín, ¿cómo estás?, a mis brazos. Hoy te he echado mucho de menos, cada día, pero hoy especialmente. Bueno, voy a poner la mesa. ¿Hay alguna expectativa de cena prevista?». «Hombre, eso es otra cosa». «Pero ¿cómo que otra cosa? ¡Si he preguntado qué había para cenar y te has puesto como una loca!», «Es que lo has dicho con un tono…», «¿Cómo que un "tono"?, yo qué sé, el tono que he puesto, he entrado, he colgado la chaqueta y no lo sé, quizá el pulmón se ha subido y ha salido el tono que ha salido». A veces nos enfadamos y es que el tono, es que el retintín… Pero el problema de fondo es que estamos de mal humor. Y el tono es aquello que te pincha y saltas. Por eso las personas que viven con alegría deciden que quieren vivir así. Primero, porque la sensación es fantástica. Segundo, porque evitas muchos conflictos.

Tercer motivo, interpretas las cosas de manera más positiva. Cuando estás enfadada o enfadado ves lo peor de las situaciones y de las personas, no eres objetivo.

Y, cuarto, porque cuando vas alegre, como decíamos antes, sacas lo mejor que llevas dentro: como padre, como pareja, como amigo, como profesional; como persona, y cuando sacas lo mejor que llevas dentro, las cosas suelen ir mejor en todos los ámbitos.

Lo voy a explicar con una cosa que me pasó hace un tiempo. A mí, me imagino que como a todo el mundo, me gusta mucho dormir en mi casa siempre que puedo. Por eso prefiero madrugar y viajar en tren o en avión a primera hora a dormir la noche anterior fuera de casa. Recuerdo una ocasión en la que el cliente me mandó un billete de avión con el asiento 2C. El asiento 2C en Vueling no es ni primera clase ni *business* porque no existe, pero es verdad que es un asiento que te permite entrar antes al avión y salir antes del avión y ahora que los aviones son muy modernos te encuentras un enchufe en las primeras filas, lo cual es muy práctico. Ahora, el asiento 2C tiene otra ventaja. Hay un momento en que los azafatos o las azafatas salen a explicar las normativas de seguridad: «En este avión hay ocho puertas de emergencia, cuatro a la derecha, cuarto a la izquierda...». Pues ese asiento te permite ver

Idea 1: decide vivir con alegría

a la azafata en vivo y en directo, está a tu lado, casi casi la puedes tocar, y cuando empiezan a dar estas explicaciones yo siempre les pregunto: «¿Te mira alguien?». Porque es muy triste, están explicando con todo el cariño las instrucciones de seguridad y miras al resto del avión y la mitad están durmiendo y la otra mitad está leyendo el periódico. Aquel día, una azafata muy simpática empezó a explicar lo de las salidas de emergencia, le pregunté si la miraba alguien, como siempre, y me miró y me dijo: «Pues hoy he contado cinco caras», «Vaya, pues me extraña, porque me parece muy importante lo que estás explicando y, además, eres un espectáculo explicando, yo estoy por sacar la libreta y empezar a tomar notas», «Menos bromas, caballero, menos bromas, que le veo a usted muy suelto, usted escuche, y muy atento, porque un día pasará lo que tiene que pasar por estadística, simple estadística; el avión entrará en una tormenta que no tocaba y habrá un aterrizaje complejo». Yo la miraba muy serio y le pregunté: «¿Cómo de complejo?». «No se preocupe, si hoy no será el día, hoy no hay ninguna nube, pero ¿usted viaja mucho?, pues le tocará, solo es cuestión de tiempo, ¿y qué pasará ese día?, pues lo que pasa en este país, que somos un país de última hora; todas las personas que ahora van durmiendo tranquilamente a pierna suelta, cuando noten que la cosa se mueve empezarán a venir, ya lo verá. "Perdone, azafata, a mí qué puerta me tocaba, que estaba durmiendo", "A mí este chaleco me va estrecho, ¿no tiene usted una XL?". Pues yo no lo pienso repetir, ahora es el momento, luego estaremos para el sálvese quien pueda y yo no pienso volver a explicarlo». Todo esto a las seis de la mañana. Sigue con su rollo y cuando está con las mascarillas me mira y me dice: «He perdido a tres, me queda usted y otro; usted no desconecte que ya acabo, ahora viene lo mejor y, ya que ha llegado hasta aquí, es tontería perderse el final». Se fue a sentar a su asiento y yo la miraba y pensaba: «Ole, ole, ¿qué habrá desayunado ella esta mañana?, yo quiero lo mismo». Porque, si lo piensas un poco y tienes empatía, los azafatos y las azafatas son como nosotros, son humanos, también tienen sueño, tienen sus problemas, uno tiene una madre que está enferma, otra tiene un jefe que es un mamón, muchos son mileuristas, es un trabajo físicamente cansado, muchas noches fuera de casa (que al principio

Idea 1: decide vivir con alegría

tiene su gracia, pero al final acabas hasta el coco de dormir en hoteles). Pues hay personas que, pese a todas las circunstancias personales y profesionales, siguen trabajando con una sonrisa, transmitiendo alegría e ilusión, y a las seis de la mañana. ¿Qué es lo que tienen esas personas? Son iguales que nosotros, pero han decidido que les da la gana vivir así y por eso sacan lo mejor que llevan dentro.

Si la sensación es fantástica, evito muchos conflictos, interpreto mejor las cosas y saco mi mejor versión, no hay que ser muy listo ni inteligente para elegir vivir con alegría. De hecho, hay que ser muy tonto para no hacerlo.

Pero el problema es que eres tú el que tiene que tomar esta decisión, es tu responsabilidad, es tu vida, tú sabrás. Decidir y luego el esfuerzo diario por mantener esa alegría, que no es fácil. Fácil es lo que hago yo, que es explicar lo que hay que hacer, eso está chupao. No sabes la de veces que yo explico estas cosas en mi trabajo y por dentro estoy pensando: «Tito, a ver si te lo aplicas». Porque todos, yo el primero, tenemos cinco momentos cada día en que lo mandaríamos todo a tomar por saco. Porque es la sociedad en la que vivimos. Ser alegre es una lucha constante, a veces heroica, pero también lo es salir a correr cuando hace frío o no encender un cigarrito en una cena con amigos cuando estás dejando de fumar. Hay luchas en la vida que valen mucho la pena y, como todas, conforme pasa el tiempo, cada vez es más fácil; al fin y al cabo, estamos hablando de hábitos. Así que está en tus manos. Es como si quieres perder cinco kilos, ¿qué vas a hacer? «Pues ya vendrá alguien y me los quitará.» Vamos a ver, melón, los cinco kilos o te los quitas tú o no te los quita nadie. Pues esto es lo mismo: o tú decides que vas vivir con alegría o nadie lo hará por ti. Es tu responsabilidad. La psicología positiva llama irresponsables a aquellas personas que estamos esperando que todo vaya bien para estar alegres, es al revés: hay que intentar poner lo mejor de nuestra parte para influir y facilitar que las cosas vayan lo mejor posible, y esto se aplica a todos los ámbitos.

IDEA 2:
sé buena persona

La segunda idea es ser buena persona. Puede sonar friki, ¿no?, hablar de buenas personas, como cuando estábamos en el cole. No es friki, lo que pasa es que estamos tan tarados que hay que volver a la página 1, porque la vida va de esto, va de ser buena persona.

Si te paras a pensar, todas nuestras vidas se basan en las relaciones humanas. Tú te relacionas con tus padres, con tu pareja, con tus hijos, con tus clientes, con tus compañeros de trabajo, con tus jefes..., todo en la vida se basa en las relaciones con otras personas, y lo que tú transmites a los demás, en tu bombilla, es sobre todo tu manera de ser. Piénsalo: las personas que te conocen te quieren, te aprecian y te valoran por tu manera de ser, no por tu nivel de inglés; te quieren, te aprecian y te valoran por cómo eres. Y todas las personas fantásticas tienen una manera de ser fantástica y todas las personas de mierda tienen una manera de ser de mierda. Perdón por la expresión, pero es la riqueza del castellano y hay que utilizarlo, y este es un idioma muy rico en este tipo de expresiones. Piensa, por ejemplo, en todos los jefes y jefas que has tenido en tu vida. ¿Con cuál te quedarías? Yo no te conozco de nada y es imposible que pueda saber los jefes que has tenido, pero estoy cien por cien seguro, no tengo ninguna duda, de que no lo vas a elegir por sus estudios, por sus idiomas o por su experiencia, ¿verdad que no?, lo vas a elegir por su manera de ser; es verdad que sabía mucho, pero lo que hacía a un jefe o a una jefa espectacular es su manera de ser. Porque así valoramos a las personas, por como son. Nos pasa igual en el ámbito personal. Muchos somos padres, pero ¿eres buen padre o buena madre? Vamos a preguntar a tus hijos: «¿Qué tal tu madre?», ¿qué nos dirán? «Mi mami es fantástica», «¿Ah, sí?, ¿por qué?», «¡Catorce años de experiencia en su sector!». ¿Verdad que no dirán eso? «Mi mami o mi papi es fantástico porque me quiere, porque juega conmigo, porque

Idea 2: sé buena persona

es divertido, porque me explica historias, porque se pone de portero»... Porque los humanos somos así, valoramos a los demás. Y si hablamos de maneras de ser, pues nos gustan las buenas personas, qué le vamos a hacer, somos así de raros. Y, además, es incompatible ser buen profesional y mala persona. No encaja. Si hiciésemos una lista de lo que es un buen profesional y otra de lo que es una mala persona, veríamos enseguida que a largo plazo no se aguanta. Pero también es incompatible ser buen jefe o jefa y mala persona, ser buen padre o buena madre y mala persona, ser buen amigo y mala persona. No funciona. Si quieres ser buen profesional, buena jefa, buena madre o buena pareja, lo que sea, tienes que ser buena persona, porque en todos estos ámbitos lo que prima es una relación humana, y en las relaciones humanas lo que más valoramos es la manera de ser del otro. No es que nos gusten las buenas personas, que nos gustan, es que, además, las necesitamos, porque escasean. En un entorno que se está volviendo tan tecnológico a veces nos olvidamos de la importancia que tiene la calidad humana.

Cuando hablo de ser buena persona no lo enfoco desde el punto de vista cursi: «Hay que ser bueno,

¿eh?, y acostarse prontito», no; ser bueno es ser una persona honesta e íntegra, que ayuda a los demás, agradable, amable. Porque sí, nos gustan las personas que son así, personas educadas que utilizan el «por favor» y el «gracias», que son dos palabras que quitaremos del diccionario por falta de uso. Un día vendrán nuestros nietos y nos preguntarán: «Abuelito, ¿qué quiere decir por favor?», y habrá que explicárselo: «Pues son dos palabras que se utilizaban a principios de siglo, finales del anterior, pero luego vino la época del estrés, del todo urgente, y se eliminaron, no aportaban valor». Pues no. Nos gustan las personas que piden las cosas por favor y las personas que dan las gracias. ¡Personas normales! Nos gustan las personas generosas, tolerantes, respetuosas, que se preocupan por otras, así son las personas que nos gustan, personas normales, vaya.

Vivimos en un entorno en el que la palabra bondad no está de moda, parece cursi. Hay un culto excesivo a la inteligencia: cuando alguien es inteligente lo admiramos. «Ooohhhhhh, ¡es inteligente!». Lo hacemos también los padres: «¿Qué tal tus hijos?», «Yo tengo una hija muy inteligente», «¡Oooohhhhhh!», «¿Y tú?», «Pues yo tengo una hija

Idea 2: sé buena persona

que es muy buena», «¿Cómo que *buena*?, ¿es tonta?». Ser una persona buena y tonta parecen ser sinónimos. Existe una frase que dice algo así: «Es tan bueno que es tonto». Es una frase lamentable, perversa. Parece que ser bueno sea sinónimo de ser tonto, y eso es lo que estamos enseñando a nuestros hijos. Personas inteligentes hay para parar un camión. Los que están arriba en el ámbito político, económico, empresarial, casi todos son muy inteligentes, tienen carreras universitarias, másteres en universidades extranjeras y, sin embargo, miras cómo está la sociedad, ves tantas injusticias, tanta desigualdad, tanta inhumanidad y piensas que quizá podrían haberlo hecho un poquito mejor, ¿no? Porque lo que necesitamos no son personas que sean inteligentes, necesitamos, además, que sean buenas personas, que tengan calidad intelectual, pero también calidad humana, que pongan sus capacidades al servicio de los demás, que las enfoquen a construir un mundo mejor. Necesitamos a personas buenas en un mundo en el que parece que prima el egoísmo, la avaricia, la codicia y la injusticia.

Como dije, vivo en un pueblo fabuloso que se llama Camprodón. Y es fabuloso porque el entorno es espectacular, pero lo es sobre todo porque allí viven personas fabulosas. Recuerdo que hace unos meses, cuando pinté mi casa, primero pedí un presupuesto, lloré un poco y al final lo aprobé. Vino un chico a pintar y, cuando me envió la factura, resulta que el importe era inferior al presupuestado. Lo llamé y le dije: «Perdona, Gerard, te has equivocado, me has cobrado menos de lo que presupuestaste». Y con toda naturalidad me contestó: «No, no, la factura está bien, lo que pasa es que al final tardamos menos horas que las que calculamos al hacer el presupuesto». Me dejó descolocado, no estoy acostumbrado. En la sociedad en la que vivimos, Gerard sería considerado un idiota. Vamos a ver: haces un presupuesto, te lo aprueban ¿y cobras menos de lo presupuestado? Tú eres tonto, ¡eres muy tonto! Pero en la sociedad que nos gustaría a todos, en la sociedad que merecemos, Gerard sería una persona normal. Y a veces olvidamos que para tener la sociedad que queremos tenemos que empezar por nosotros mismos. Gandhi decía que «tenemos que ser el cambio que queremos ver en el mundo». Pues eso, porque, además, no vamos a cambiar a los demás, solo podemos cambiarnos a nosotros mismos

Idea 2: sé buena persona

y, como decía alguien, «si cada uno barriera su trozo de acera, la calle estaría impecable».

Nos impresionan las personas que son así. Si te paras a pensar, las personas que te impactan no lo hacen por su coche. O no deberían. Las personas no te impresionan por su cargo, no te gustan por su dinero. Las personas que de verdad te impactan, te impresionan y te gustan lo hacen por su manera de ser. ¿O no? En la vida no deberíamos luchar por tener un mejor coche, ganar más dinero o irnos muy lejos de vacaciones, deberíamos luchar por ser la mejor persona que podemos llegar a ser y por hacer la vida más agradable a los demás, eso da sentido a nuestras vidas.

La psicología positiva ha demostrado que las personas que tienen alegría de vivir, que viven con entusiasmo, intentan ser personas buenas. Pero no hace falta que lo demuestre ningún experto; hay un mecanismo que todos tenemos y que hemos experimentado muchas veces: cuando haces algo bueno o haces algo por los demás, te sientes bien. Existe ese mecanismo y, si no lo has notado nunca, ve al hospital y que te ingresen de urgencia porque tienes una patología. Los humanos somos así: haces algo bueno, te sientes bien. ¿No te ha ocurrido nunca que compras un regalo para alguien a quien quieres mucho y no puedes esperar a que llegue el día para dárselo? Esto nos ha ocurrido a todos, bueno, a todos los que somos normales. ¿Cómo puede ser que nos haga más ilusión y nos emocione más hacerle un regalo a alguien que recibirlo nosotros? ¿Cómo es posible que esto nos haya pasado a todos independientemente de nuestra edad, cultura, educación o lugar de nacimiento? Me parece a mí mucha casualidad. Es que no es casualidad, eso ocurre porque los seres humanos hemos sido diseñados para ser buenos, hemos sido creados para ser felices cuando hacemos el bien. Los grandes filósofos ya lo decían mucho antes que los expertos en psicología positiva: las personas que se centran en ayudar a otras, las que viven para los demás, son mucho más alegres. No hace falta montar una ONG; simplemente hacer más agradable la vida a las personas que te rodean en tu día a día, porque la bondad de las personas se manifiesta en la relación con los demás.

El camino más corto para ser buena persona es ser amable. Si alguien me pidiera que eligiera una

Idea 2: sé buena persona

sola idea de todas las que he leído para vivir con alegría, no tendría ninguna duda y elegiría esta: ser amable. La forma más rápida, más eficaz y más sencilla de ser alegre es ser amable. Sí, sí, te repito si quieres los adjetivos; la más rápida, casi instantánea, la más eficaz, es decir, la que mejor funciona, la que mejores resultados tiene y la más fácil, la más sencilla de aplicar, es ser amable. Lo que pasa es que somos tan merluzos que descartamos las cosas por ser simples, pero a veces la vida, en algunas cosas, es muy sencilla. No fácil, pero sí sencilla, no hace falta hacer cosas raras, extrañas o complejas para vivir con alegría. Lo bueno es que puedes probarlo si no me crees, intenta jugar a ser la persona más amable del mundo durante un tiempo y verás los efectos tan increíbles. ¡Ser amable es un chollo! Vamos a imaginar que yo te dijera que hay algo que hace que tú te sientas mejor y que los demás se sientan mejor y que es gratis. Repito: algo que hace que tú te sientas mejor y que los demás se sientan mejor y gratis. Diríamos: «Coño, ¡vaya chollo!». Pues ser amable hace que te sientas mejor y que la otra persona se sienta mejor y encima es gratis. ¡Pruébalo! Por ejemplo, la próxima vez que vayas a una cafetería, en lugar de no decir nada al marcharte como hacemos casi todos, dile al camarero: «Muchas gracias, ¡espectacular, el café!», verás cómo tienes una sensación fantástica de sentirte muy bien —parece raro, pero es así ☺— y al camarero lo has dejado igual de bien, casi tendrías que llamar al 112 para que vengan con un desfibrilador porque le puede dar un infarto al hombre, no está acostumbrado. Y gratis, gra-tis. ¿Tú te imaginas una sociedad en que las personas fueran así? ¡Buah! Todos queremos cambiar el mundo y lo que nos toca a cada uno de nosotros es cambiarnos a nosotros mismos para cambiar *nuestro* mundo. No somos responsables de todo lo que ocurre en el planeta, pero sí que somos responsables de nuestros dos metros cuadrados, de lo que hacemos cada día con nuestros actos y con las personas con las que nos cruzamos en cada instante, y una de las claves si quieres desarrollar un carácter alegre y entusiasta es gestionar con afecto, con empatía y con compasión los contactos que tenemos con otras personas. Esos contactos que tenemos cada día con las personas con las que nos cruzamos constantemente, las que conocemos más, como nuestra familia, nuestros

Idea 2: sé buena persona

amigos o compañeros de trabajo, pero también esas desconocidas o anónimas como la que va en el tren a tu lado, el camarero del bar donde desayunas o la persona con la que coincides en el ascensor. Gestionar todos esos contactos es la clave. Normalmente vamos tan estrellados y tan rápidos, y tenemos tantas cosas que hacer y tantas cosas en la cabeza, que esas personas son invisibles para nosotros. Gestionar bien estas interacciones requiere, según la experta Barbara Fredrickson, tres cosas: primero, *estar*, estar presente, *estar* como si la conversación con esa persona fuera lo más importante que te ha pasado en tu vida, estar cien por cien concentrado, mirarla a los ojos, no pensar en otras cosas; segundo, desarrollar *empatía* para comprender, respetar y tolerar a la otra persona y, en tercer lugar, tener ganas de ayudarla en lo que puedas. Son interacciones que pueden durar tres segundos o tres minutos, pero, al gestionarlas con ese nivel de atención y con esas ganas de escuchar, entender y ayudar, vas experimentado y desarrollando esa alegría que poco a poco se convierte en tu manera natural de ser.

Ser buena persona y ser amable está totalmente relacionado. Cuando uno es amable es mejor persona, porque es incompatible ser amable y mala persona. Porque cuando tú eres amable tienes que ser generoso, tener paciencia, ser tolerante, respetar, querer ayudar a esa persona..., con lo cual cuando eres amable inevitablemente te acabas volviendo mejor persona. A veces ser amable es escuchar a alguien, otras es saludar, abrir una puerta o ayudar con una bolsa, hay miles de formas de ser amable con los demás. Pero, si quieres hacerlo más sencillo, yo creo que puede resumirse en esta, que es mi frase favorita. Bueno, mi segunda frase favorita, porque la primera es «¡Vamos Messi!». La frase a la que me refiero es de santa Teresa de Calcuta y es esta: «Que nadie se acerque jamás a ti sin que al irse se sienta un poco mejor y más feliz». A mí esta frase siempre me ha parecido brutal. Primero, porque es muy fácil de aplicar, muy concreta, y, segundo, porque llevarla a la práctica solo depende de cada uno de nosotros, de nadie más. Es toda una filosofía de vida. Yo la he regalado a mis mejores amigos, algunos la tienen el salón y la mayoría seguramente perdida en un cajón. Si te quedas solo con esta idea e intentas aplicarla, ya verás cómo te va a cambiar la vida, y no sé si sal-

Idea 2: sé buena persona

drás de ella con muchos yates, muchas fortunas o muchas mansiones, pero desde luego saldrás por la puerta grande, vivirás con alegría y harás de tu vida una obra de arte espectacular.

Podrías dejar de leer el libro en este punto y tirarlo por la ventana. Si quieres una idea práctica para vivir chutado y con alegría, ya la tienes, no busques más.

¿Sigues leyendo? Vale. Podrías complementar esta frase incorporando dos preguntas. La primera pregunta es: ¿a mí qué tipo de persona me gustaría ser?, ¿cómo me gustaría ser? El «yo soy así, al que le guste bien y al que no, también» me parece una chorrada; todos podemos cambiar, todos podemos mejorar y la vida quizá consiste en eso, en luchar para ser cada día un poquito mejor. Por eso hay que preguntarse: ¿cómo me gustaría ser? Busca un papel y un boli y escribe. Hazte la pregunta de otra manera que quizá te ayude más: ¿qué me gustaría que dijeran de mí mis hijos, mi pareja, mis amigos, mis compañeros de trabajo?, ¿cómo me gustaría que me definieran? Y escribes. Seis, siete cosas…, las que te salgan, porque tampoco hace falta que sean veinticinco. Por ejemplo, «Me gustaría ser o que me definieran como una persona agradable, que escucha a los demás, generosa, con sentido del humor y que siempre trata muy bien a todo el mundo». Esos que escribas son tus valores, los que más admiras, los que querrías incorporar a tu manera de ser. Yo tengo una lista de cuatro. Y, a partir de ahí, cada semana concéntrate en uno, trabaja uno (yo lo apunto en mi agenda para no olvidarme, pero puedes hacerlo como mejor te vaya para recordarlo) y verás que con el tiempo esos valores formarán parte de tu manera de ser. Si encima utilizas la meditación, ¡el cambio es mucho más rápido! Hay un método muy simple. Vamos a imaginar, por ejemplo, que quieres ser una persona más paciente, porque siempre pierdes los nervios. Paso 1: piensa en una situación en la que te has comportado como no te gusta, no lo sé, a lo mejor tu hijo ha quemado el televisor porque no le gustaba la película que estaba viendo, bueno, no, eso es muy bestia, imagina que quizá tu hijo no ha ordenado la habitación, se lo has recriminado, has perdido los nervios, él te ha contestado mal y ya la has liado. Luego te arrepientes de haberle gritado, claro, como nos pasa a todos. Paso 2: piensa, reflexiona en silencio, con-

Idea 2: sé buena persona

céntrate y repasa la escena. Lo que has hecho, lo mal que lo has hecho, lo que menos te ha gustado, qué consecuencias ha tenido, cómo ha reaccionado tu hijo, por qué te parece que no ha sido justo y qué no te gusta. Visualízalo y vívelo con todos los detalles que puedas, vive de nuevo esa situación y experimenta esa sensación desagradable de haber reaccionado como no debías. Paso 3: rebobina la escena hasta el inicio y piensa cómo te hubiera gustado reaccionar idealmente. Para ser la persona que te gustaría ser, ¿cómo tendrías que haber reaccionado?, piénsalo, reflexiónalo, vive esa situación, pero no en la manera en que actuaste, sino en la que te hubiera gustado actuar, en la que tú crees que idealmente deberías haber actuado: qué hubieras dicho, cómo te habrías comportado, qué consecuencias tendría eso… Regodéate también un rato ☺, visualízalo y experimenta la sensación de alegría al haber actuado como a ti te gustaría. Cuando lo estás haciendo, meditando y visualizando, esa manera de actuar se está grabando en tu cerebro. Paso 4: cuando te encuentres en una situación parecida, intenta practicar lo que has hecho en esta última visualización, intenta reaccionar de esa manera que has imaginado como ideal. Si no consigues que salga del todo bien, no pasa nada, incluso si vuelves a meter la pata, no pasa nada. Con este método tan sencillo es muy probable que la próxima vez reacciones mucho mejor que la anterior. Se trata de saber que tienes que mejorar y, a fuerza de repetir estos pasos, cada vez reaccionarás mejor y este comportamiento se convertirá en un hábito, en tu manera de ser natural. Es un método muy simple, muy sencillo y que todos podemos aplicar.

Dicho esto, también creo que es importante pedirle perdón a la persona con la que no te has comportado bien, sea tu hijo o un compañero de trabajo, pues este gesto también ayuda mucho a cambiar el hábito de perder los nervios, porque es un acto de humildad, que cuesta esfuerzo, y ese mal rato que también pasas pidiendo perdón hará que la próxima vez espabiles y quieras evitar equivocarte de nuevo. Además, es también un acto de justicia, ya que la otra persona merece que te disculpes. Las personas nos equivocamos y, para que haya una relación sana, es muy importante saber pedir perdón y también saber perdonar; ambas requieren mucha grandeza, mucha calidad humana.

Idea 2: sé buena persona

¿Cuál es la segunda pregunta que podrías hacerte? La segunda pregunta es esta: ¿en qué puedo ayudar a los demás? No es necesario que te líes la manta a la cabeza y montes una asociación para los sintecho, ya hay gente que se dedica a eso. Piensa mejor en las personas que viven contigo, en tu familia, en tus amigos, en las personas más cercanas, en las personas con las que trabajas, en aquellas que se cruzan en tu vida. Pregúntate cada día: ¿qué he hecho yo hoy para ayudar a estas personas? Es triste, hay días que me voy a dormir y pienso: «Hoy no he ayudado a nadie, no he hecho nada por los demás». ¿Qué puedo hacer para ayudar a los demás? Cuando te lo preguntas, yo recomiendo una cosa que no lleva a ningún sitio, esto lo hago yo y seguramente no debe ser la mejor manera, pero a mí me va bien: yo repaso a las personas de mi familia; mentalmente tengo a mi familia, los tengo a todos presentes, y repaso. Mi padre, mi madre, mis hermanos, mis cuñados, mi mujer, mis hijos. ¿En qué puedo ayudar a cada uno de ellos?, ¿en qué situación está cada uno de ellos?, ¿en qué les puedo echar una mano? Y luego, además, tengo una lista de personas de las que tengo que estar pendiente porque les pasa algo que las preocupa o las hace sufrir: algunos son clientes con los que tengo muy poca relación, otros son amigos…, no lo sé, alguien que me dice: «Mi madre tiene un cáncer y lo estoy pasando mal», pues ese va a mi lista, o el que me dice: «Me han echado del trabajo y estoy buscando otro». Y cada cierto tiempo les preguntaré, según la confianza que tenga les mandaré un *mail*, los llamaré o les mandaré un wasap para preguntar cómo están. He aprendido que las personas agradecen mucho que alguien se preocupe por ellas. Que las anime o que simplemente les pregunte cómo están, porque cuando uno está pasándolo mal le gusta sentirse querido, y cuesta muy poco esfuerzo. Probablemente no le vas a solucionar el problema, pero puedes ayudarle a no sentirse solo. A mí esta lista me ha funcionado siempre bien, en el sentido de que, como no tengo cabeza para acordarme de todo, como también tengo mis líos, mis cosas, también hay días que voy como pollo sin cabeza, tener esta lista me permite repasarla de vez en cuando, y tengo apuntado en mi agenda hacerlo de vez en cuando para no olvidarme de esas personas. Hay mucha gente que es pobre en lo material, pero tam-

Idea 2: sé buena persona

bién hay muchas personas que viven bajo el umbral de la pobreza en términos de afecto, de cariño, de ternura..., y agradecen simplemente un mensaje.

Me he dado cuenta de que la mejor pregunta que podemos hacer es esta: «¿En qué te puedo ayudar?». Es una pregunta que tendríamos que interiorizar para que formara parte de nuestra manera de ser, para que cuando estemos con alguien automáticamente nos preguntemos en qué le podemos ayudar, para desarrollar de este modo una virtud gigante, inmensa, que se llama compasión. La compasión no es llorar por alguien, eso es «llorar por alguien»; tampoco es que alguien te dé pena. Son formas de compasión, pero solo algunas. La compasión es mucho más, y tiene dos componentes. Por un lado, requiere empatía para ponerse en el lugar de otra persona, no pensar siempre en mis cosas, en mis problemas, en mis preocupaciones. Escuchar, entender, comprender cómo se encuentra y qué siente otra persona. Y, por otro lado, las ganas de ayudarla en lo que puedas. Eso es la compasión, ayudar a mejorar el bienestar de los demás: recoger la mesa para que no lo haga tu pareja, que está cansada, escuchar a quien lo necesita, ceder el sitio en el autobús a una persona mayor (hoy en día parece algo de ciencia ficción), consolar al que sufre, etcétera. Ir así por la vida es de personas estratosféricas, ¿o no? Pues solo se trata de tomar la decisión y ponerle empeño. Nada más ☺.

Estas dos preguntas, ¿qué tipo de persona me gustaría ser? y ¿cómo puedo ayudar a los demás?, nos ayudan a ser cada vez mejores personas, y cuando uno es buena persona se siente más alegre. No hay nada como irse a dormir con la conciencia tranquila y el ánimo en paz. La bondad tiene más mérito que la inteligencia. Ser inteligente es un don, no tiene mérito, te ha tocado; ser buena persona y ser amable tiene mucho más mérito, es una elección y supone un esfuerzo, por eso tiene mucho más mérito.

IDEA 3:
sal del bucle

El tercer punto es salir del bucle. El bucle es donde estamos casi todos casi todo el tiempo. El bucle aparece cuando juntamos en nuestra cabeza los cuatro problemas que tenemos, les damos vueltas y vueltas y vueltas, y al final uno de esos cuatro se convierte en un problema mundial. Y no todos los problemas son de categoría mundial. Por eso la psicología positiva propone *relativizar*. ¿Qué quiere decir relativizar en el contexto de la psicología? Bueno, pues lo mismo que fuera de la psicología: poner las cosas en contexto, ser consciente de que todos tenemos problemas, de que no existe una vida sin problemas. Todos tenemos problemas y preocupaciones; los problemas se acaban cuando uno palma, mientras vivamos siempre tendremos problemas. Pero tenemos que ser conscientes de que hay dos tipos de problemas: dramas y circunstancias que resolver.

Hay problemas que son de categoría *drama*. La vida no es siempre ji, ji, ja, ja, no es verdad. La vida a veces es muy divertida, pero otras veces es muy triste, es muy dura, insoportable. Hay momentos en los que solo se puede llorar, llorar y llorar, y no hay consuelo. La vida a veces nos da unos disgustos brutales, a veces es inaguantablemente dura. Pero todos sabemos lo que es un drama (porque todos los hemos tenido y, lo que es peor, volveremos a tenerlos); un drama es el fallecimiento de un ser querido, una enfermedad muy gorda de alguien, no llegar a final de mes, un drama se da cuando uno no tiene trabajo, tiene tres niños en casa y tiene que ir a Cáritas a buscar alimentos cada semana. Eso son dramas. Lo que pasa es que como sociedad, en general, nos hemos vuelto insensibles al sufrimiento ajeno, no nos gusta mirar. Yo en mi pueblo no lo veo, es muy pequeño, pero cuando estoy en una ciudad grande veo a muchas personas buscando en un contenedor o durmiendo en la calle. Piénsalo la próxima vez que te lo encuentres: estás viendo

Idea 3: sal del bucle

a alguien buscando en un contenedor o durmiendo en la calle y ¿no te conmueves?, ¿no hay algo dentro que te duela? Entonces es que te has vuelto insensible, inhumano. No mala persona, no, no, pero sí insensible, porque a fuerza de verlo tantas veces corremos el riesgo de acostumbrarnos. Deberíamos ser muy sensibles al sufrimiento de los demás, al dolor ajeno, porque eso nos ayuda de dos maneras. Por un lado, nos permite relativizar nuestros problemas, no darles la importancia que no tienen. Y, por otro lado, ser sensibles a ese sufrimiento ajeno nos ayuda a desarrollar la compasión de la que hablaba antes, nos permite desarrollar esa empatía y esas ganas de ayudar y, si puedes, ayudas, que para eso estamos. Estamos en esta vida para ayudarnos unos a otros en lo que podamos.

Cuando uno tiene dramas y tiene todo el derecho del mundo a no sonreír, a no transmitir, a no contagiar..., solo faltaría, se comprende. Hay personas que con un drama consiguen ir por la vida con alegría, pero eso es de monumento nacional; cuando uno no encuentra consuelo se entiende que se pierda la alegría. Pero cuando uno no tiene dramas, tiene otro tipo de problemas, que se llaman *circunstancias que resolver*. Y cuando uno solo tiene circunstancias que resolver el derecho a dejar de sonreír, el derecho a ir enfadado es como mínimo dudoso. Cuando uno solo tiene circunstancias que resolver es un privilegiado. Y no es que no relativicemos porque seamos malas personas, no, no, sino simplemente porque vamos en ese bucle, en esa inercia de pensar constantemente en nuestros problemas y darles vueltas y vueltas.

Relativizar no quiere decir «todo me da igual», para nada. No se trata de que un día te pongan una multa y digas: «Vaya, señor guardia, esto no es un drama, es solo una circunstancia que resolver, pues nada, deme usted un abrazo ¡y aquí paz y después gloria!». Claro que no; existe el derecho al desahogo, somos humanos y necesitamos desahogarnos, aunque sea por una chorrada. Me han dado un golpe en el coche, «Hombre, no pasa nada, no es un drama»; pues sí que pasa, claro que pasa, es mi coche y tengo derecho al desahogo, estoy enfadado. Pero se llama desahogo *razonable*, y hay gente que lo de *razonable* no lo ha pillado; todos conocemos a personas que llevan cuatro años enfadadas con la humanidad, a las que todo les parece mal, que

Idea 3: sal del bucle

siempre se quejan de todo. A esas personas habría que agarrarlas y decirles: «Vamos a ver, tienes toda la razón, desahógate, pero ¡acaba!, por Dios, ¡acaba ya!», porque hay gente que no acaba nunca.

Yo me paso el día en el AVE. Como trabajo solo y viajo solo, escucho muchas conversaciones ajenas, porque en este país la gente habla tan alto que quieras o no quieras te enteras de todo –aunque yo quiero, la verdad, me distraigo mucho ☺–. Recuerdo una ocasión en que tenía a dos personas delante y una le explicaba a la otra una peli de terror; le estaba contando algo así como que «yo había pedido fiesta jueves y viernes para tener cuatro días de vacaciones y ahora en la empresa me han dicho que no puedo escoger esos días, y lo tengo todo planificado con mi familia, tengo todo el viaje organizado, hace meses que avisé que iba a escoger esas fechas, ¡y ahora me dicen que no puedo tener esos días!». Yo lo escuchaba y pensaba: «Coño, el tío está indignado, muy indignado», pero es que es normal que esté indignado, por supuesto que sí. Ahora bien, lo que no es normal es que la indignación dure desde Barcelona hasta Guadalajara, eso no es normal, ¡que se llama desahogo razonable, petardo!

¿Y qué quiere decir *razonable*? Pues, no lo sé, escoge un tramo del trayecto, Barcelona-Vilafranca del Penedès, todo para ti, desahógate, sácalo, estás en tu derecho, a lo grande, disfruta, y luego respira, que no es un drama, melón. Pues no, íbamos por Guadalajara y el tío con su matraca de los dos días, y yo lo miraba por el hueco entre los asientos y pensaba: «Basta ya, tito, que me estás amargando el viaje, tendría que caerte un pepino gigante del espacio y chafarte con dolor, ¡con mucho dolor!». Sí, sí, no hay nada como ir aburrido y me imaginaba cómo caía un pepino gigante del espacio y lo aplastaba ahí en el asiento, ¡chof! Se acabó el rollo, ¡finito! ¿A cuántas personas, cada día, les tendría que caer un pepino gigante del espacio? De hecho, vivimos en un país en el que, si miráramos al espacio, deberíamos ver constantemente cómo caen pepinos del espacio, chof, chof, chof, chof, porque nos quejamos de cosas que, si las pusiéramos en contexto, no tienen tanta importancia.

¿Y cómo se sale del bucle? Es muy sencillo, pregúntate cada día: «¿A mí qué me quita la alegría?». Ya sé que parece una tontería de pregunta, pero pruébalo. Yo me la apuntaba cada día en mi agenda

Idea 3: sal del bucle

para no olvidarla, ahora no me hace falta porque ya la he interiorizado, es un hábito, Ctrl+C y Ctrl+V, forma parte de mi manera de ser después de preguntármelo tantas veces. Porque funciona, no tengas dudas. Cuando te paras y te preguntas por qué estás enfadado, por qué estás de mal humor, primero te paras, que ya es mucho, pero luego piensas: «¿Es un drama?, ¿sí?, pues tienes todo el derecho a enfadarte; ¿es solo una circunstancia que resolver?, pues desahógate y acaba». Es así de simple, y con el tiempo te vas dando cuenta de que cada vez te enfadas menos, menos tiempo y solo por cosas importantes. Porque como no te acostumbres a relativizar de esta manera habrá un día en que la vida te obligará a relativizar de golpe. Nos ha pasado a todos o nos pasará, o conocemos a alguien a quien le ha ocurrido. Cuando la vida te da esa noticia terrorífica, cuando tienes un susto gordo, cuando tienes un drama, cuando tienes una circunstancia brutal, entonces te das cuenta de lo que es un problema de verdad y de lo que era una tontería.

Ahora ya no porque me lo han prohibido, pero hasta hace poco, para que mis alumnos entendieran estos conceptos, los llevaba un día al año a un hospital en Barcelona, el Hospital Vall d'Hebron —pero sirve cualquier hospital grande de la población donde vivas—. Les decía: «Señores, los veo tan estresados, tan preocupados y con tantos problemas que la próxima clase será en el Hospital Vall d'Hebron, en la planta de oncología». Tengo un amigo que trabajaba allí y nos hacía la ruta; entras por una puerta y sales por otra, entras de una manera y sales de otra, y las tonterías se han quedado en medio. Y si alguien piensa que es demagógico, que vaya, que hay demagogia para elegir. ¿Cómo quieres la demagogia?, ¿de cincuenta y ocho, de cuarenta y ocho, de veintiocho o de ocho añitos? Hay demagogia de todas las edades y colores. Todos salimos de un hospital pensando: «Coño, no somos nada, de qué nos quejamos...», pero dura diecisiete segundos, el tiempo que tardas en entrar en el ascensor, llegar abajo, sacar el coche y entrar otra vez en el día a día, la rutina, la inercia..., y vuelves al bucle. Este año, como me lo han prohibido, he hecho otra cosa: los he llevado a una oficina de empleo en el Poblenou. El ejercicio consistía en entrar de cuatro en cuatro y sentarse cinco minutos cronometrados a observar, simplemente a desarro-

Idea 3: sal del bucle

llar la empatía, a ver a personas que darían lo que fuera por tener un trabajo, para aprender de esta manera a relativizar sus problemas; así se enteran de una vez por todas de que el hecho de que a alguien le cambien de despacho y tenga menos vistas no es un problema para andar cabreado toda la semana.

Pero la inercia de nuestros pensamientos es lo que nos lleva a pensar siempre en nuestros pequeños problemas, a entrar en bucle y hacerlos grandes. Yo el primero, porque no soy ejemplo de nada. Recuerdo una vez que tenía que dar una sesión en Madrid a las doce del mediodía y unos días antes tuve esta conversación con mi cliente: «Victor, ¿puedes venir a dormir la noche anterior?», «Vaya, no lo sé, a mí me gusta dormir en mi casa siempre que puedo y cuando son sesiones en Madrid puedo viajar en tren a primera hora, no te preocupes, si tengo que hablar a las doce, me comprometo a estar allí a las once en punto, como un clavo», «Ya, pero es que sufrimos por si no llegas a tiempo», «Hombre, no lo sé, tengo que perder siete trenes para no llegar, siete trenes, yo estaría bastante tranquilo», «Ya, pero estamos más tranquilos si te quedas a dormir la noche antes, te lo agradeceríamos mucho». ¿Qué iba a hacer? Ya lo había intentado, había hecho lo posible, pues ¿qué voy a hacer?, ¡todo por el cliente! «Pues claro que sí, faltaría más, será un placer viajar la noche antes». Y cuelgas, pero cuelgas cabreado, normal, necesitamos ese desahogo. Y entonces empieza el bucle, cuelgo el teléfono, me encuentro a mi mujer y le digo: «Mira, Johansson, mira qué ha pasado, ¡un cliente que *sufre, sufre y sufre*! Y me toca dormir fuera». Y vas a cenar con amigos y «¿Qué tal?, que te veo serio, Küppers, ¿qué te pasa?», «Pues mira, que tengo un cliente que sufre, sufre y sufre», y lo estoy recordando en este momento porque el bucle me duró unos días. La psicología positiva no propone que no te enfades, qué va, es sano y necesario enfadarse a veces, pero tiene que llegar un momento en el que mi cabeza diga: «Vamos a ver, ¿esto es un drama o es una circunstancia que resolver?». Porque si es un drama, tienes todo el derecho, pero si solamente es una circunstancia que resolver, desahógate y acaba, porque si vas enfadado mucho más tiempo y el motivo es que tienes que dormir una noche más fuera de casa, en un hotel bonito, por otra parte, no es para que te caiga un pepino, ¡es para que te caiga un pepinar entero!

Idea 3: sal del bucle

Vivimos en una sociedad en la que nos cuesta diferenciar entre los dramas y las circunstancias que resolver. Observa a las personas que van por la calle, hay muchas que parece que tengan un drama; a veces me gustaría parar a alguien y decirle: «Perdone, ¿a usted qué le ha pasado?, por curiosidad, porque con esa cara que lleva...». ¿Y qué nos dirían? Pues de lo más peregrino: «¿Que qué me ha pasado?, pues déjeme que le cuente: me han puesto una reunión el viernes a las seis de la tarde, ¡y a mí los viernes me gusta acabar a las tres!», «Oh, pues ¡vaya problemón, eh!, ¡de categoría mundial!». «Y a usted que va en el tren tan serio, ¿qué le ha ocurrido?», «Pues mire, que siempre pido ventanilla y ya ve, pasillo». Pues nada, pepinos gigantes para todos.

Claro que hay motivos para estar enfadado, yo no digo que no, pero son cuatro. El problema no es estar enfadado o estar triste cuando realmente tenemos motivos importantes, el problema es cuando no existen esos motivos o cuando esos motivos son pequeños.

En una ocasión recuerdo haber escuchado en un AVE con vergüenza ajena, con mucha vergüenza ajena, a un señor que le estaba pegando una bronca descomunal a alguien por teléfono porque le había sacado un billete en turista y no le daban de desayunar. Yo estaba escuchando y pensaba: «¡Bufa!, ¡se lo arreglo enseguida, merluzo! Voy al vagón cafetería, traigo cuatro dónuts de chocolate y se los empasto en la cara». De locos.

IDEA 4:
cuida lo más importante

Lo más importante para todos es lo mismo. Recuerdo un estudio que leí hace años que se dedicaba a preguntar a la gente: «¿Qué es para usted lo más importante en su vida?». Como si te lo preguntaran aquí y ahora: ¿qué es para ti lo más importante en tu vida? Juntaron los miles de respuestas y se ve que las cinco cosas que más valoramos son estas: nuestra pareja, nuestros hijos, nuestros padres, nuestros hermanos y nuestros amigos y amigas (no necesariamente por este orden). Hay veces en que ves algunos estudios y piensas: «¿Hacía falta hacer un estudio para esto?, ¡si es de sentido común! ¡Si es de cajón!». No hay más que mirar el fondo de pantalla de nuestro móvil; porque aquí vamos todos de interesantes, de peculiares, de auténticos…, pero esencialmente somos todos iguales. Y si viéramos la foto del fondo de pantalla de nuestro móvil, ¿qué llevamos a partir de los treinta y cinco años? Todo el mundo lleva lo mismo: la foto de su pareja, la de sus hijos o la foto de Messi, ¡lo que más quieres!

Todos sabemos que lo más importante que tenemos son las personas que más queremos, pero el día a día nos come y lo vamos dejando en segundo plano. Digo en segundo plano porque el primer plano de nuestro cerebro está ocupado en las preocupaciones diarias, en los problemas, lo urgente, lo superficial, lo intrascendente…, y entonces lo importante va quedando en segundo plano. Lo he explicado fatal, pero espero que lo hayas entendido un poco. De hecho, hay una frase que dice: «La gran incoherencia del ser humano es que somos conscientes de lo que es importante, muchas veces, cuando ya es tarde»; es una pena, nos damos cuenta de lo que es importante, muchas veces, cuando es tarde. Y es una frase que hemos oído ciento cincuenta veces, sí, sí, pero el problema es que la hemos olvidado ciento cincuenta y una. Y si piensas que esas personas no están en segundo plano, haz este experimento que hago con mis alumnos

Idea 4: cuida lo más importante

cada año: hay un día de clase, aleatorio, en que les digo: «Señores, salgan todos de clase con su teléfono móvil». Los cien pollos van saliendo y cuando están fuera les digo: «Ahora hagan una llamadita a su madre. La llaman y le dicen: "Mamá, llamo para decirte que te quiero mucho". Escuchen la respuesta, no se asusten, cuelguen y entren, que comentaremos el resultado». Es un experimento de metodología simple, básico, de mi nivel, fácil; ahora bien, las conclusiones son espectaculares. No hace falta que las explique, lo puedes probar tú cuando quieras. A ver si tienes narices de hacerlo, ☺, de llamar a tu casa –si quieres te vas detrás de una columna para no hacer el ridículo– y decirle a tu madre: «Mamá, llamo para decirte que te quiero mucho». Ya verás. Llamas a tu madre para decirle que la quieres mucho ¡y la dejarás trastocada!, absolutamente trastocada, te contestará tres cosas en este orden: «Hija mía, ¿dónde estás?, ¿te ha pasado algo?, ¿estás bien?». No es algo para reír o para que nos haga gracia; si lo piensas en serio, es muy triste: hemos creado una sociedad tan tarada que si le dices a tu madre que la quieres mucho, es causa de trastorno, así que es mejor no decírselo, por su propio bien. Y digo madre porque a veces les digo: «Llamen a su padre» y reaccionan con terror: «¡No, no, no, a mi padre no, por favor!», «¿Qué le pasa a tu padre?», «Nada, nada, pero es que para estas cosas va mejor mi madre», «Pero ¿a tu padre lo quieres?», «Sí, sí, lo quiero mogollón», «¡Pues díselo!», «¡No, no, no!». De verdad que he tenido muchos alumnos, también es cierto que más alumnos que alumnas, y les cuesta decirle a su padre que lo quieren, ¡y lo quieren! Es de locos. Es como si una noche te vienes arriba, te emocionas y llegas a tu casa con un ramo de flores y le das un abrazo a tu pareja. Lo más probable es que la líes, sí, sí, que la líes y que te comas el ramo. «¿Qué has hecho? ¡Desgraciado!», pam, pam, pam, y te has comido el ramo. Porque lo normal es llegar a casa y hacer un ruido. «¿Qué tal el día?», «¡Heg, hug!». Vamos a ver, ¿un ramo de flores?, pero ¿tú de qué siglo sales?, ¿un abrazo a tu pareja?, ¡animal!, ¡seamos normales!, y al final, de tan *normales* que nos hemos vuelto, hemos creado una sociedad de *anormales*, de tarados, y nos olvidamos muchas veces de lo que es más importante o nos damos cuenta cuando es tarde.

Idea 4: cuida lo más importante

También nos pasa porque pensamos que estas personas estarán siempre ahí, y no es verdad, no estarán siempre, las personas se mueren, también las que más queremos; hay un día en que ya no tienes madre, quizá ya lo has vivido, pero un día nuestra madre se morirá y ya no podremos llamarla más, nunca más. Somos conscientes de que las personas se mueren, pero no nos gusta pensar en ello, lo tenemos en el fondo de nuestra cabeza, muy en el fondo. Pues hay que pensarlo muchas veces: las personas que más queremos un día ya no estarán, y ese día llega muy pronto porque la vida pasa a toda bufa. Habrá un día en que llegaremos a casa y estaremos solos, y entonces nos daremos cuenta de cuánto lo queríamos o la queríamos, echaremos mucho de menos a nuestra pareja, pero será tarde, y mientras vamos dejando pasar los días como si quedaran infinitos, desperdiciándolos, nos permitimos el lujo de, cuando llama nuestra madre, contestar: «Mamá, no tengo tiempo, tengo mucho trabajo» y colgar, o de, cuando llegamos a casa, tratar a nuestra pareja como si fuera un bulto, porque pensamos que siempre estará ahí y siempre la veremos… Pues no es así. Quizá pensarás: «Qué mal rollo, hablar de que las personas se mueren, con lo bien que íbamos con el libro». Bueno, pues yo creo que es mejor hablar de ello, ser muy consciente, porque cuando eres muy consciente de que esas personas que tanto quieres un día no estarán entonces te vuelves normal. ¿Y qué hace la gente que es normal? La gente que es normal es la que llama a su padre cuarenta y dos veces por semana y le dice: «Papi, te quiero un montón, por esto, por esto y por esto». Los que tenemos una pareja que nos aguanta habitualmente tendríamos que decirle cuarenta y dos veces por minuto: «Pichurri, eres fantástica» y los que tenemos hijos tenemos la obligación moral de decirles cuarenta y dos veces por segundo que son brutales. Y esto tendríamos que hacerlo, primero, por justicia, porque es verdad que tienen todo lo malo que les decimos, pero también tienen todo lo bueno que nos callamos, y, segundo, porque es lo que más queremos. Pero los seres humanos somos tan raros que, si hiciéremos una lista de las cosas buenas y las menos buenas que les decimos a las personas que más queremos, ganarían las menos buenas, ¡estamos fatal! Y, tercero, porque un día esas personas no estarán. Stephen Covey decía

Idea 4: cuida lo más importante

que «lo más importante en la vida es que lo más importante sea lo más importante». Ya sé que es un juego de palabras, pero, si lo piensas, es una frase que tiene mucho fondo. Lo más importante en la vida es que lo más importante sea lo más importante. Y lo más importante que tenemos son las personas que queremos, y no podemos dejar que el día a día las coloque en un segundo plano.

Hay un ejercicio que hacía con mis alumnos: el primer día de clase traía una planta, me gastaba la pasta en una planta grande y la ponía al lado de la mesa del profesor con un cartel que decía: «No tocar y no regar». Los alumnos preguntaban: «Profe, ¿esto de no tocar y no regar qué significa?», «No te preocupes, tiene mensaje, pero lo entenderás cuando acabe la asignatura». Imagínate, pasaban las semanas, pasaban septiembre, octubre, noviembre, diciembre, y, claro, llegaba el final de la asignatura en enero y ¿cómo estaba esa planta? Pues esa planta, que era una planta chulísima y enorme, se había convertido en un palucho de mierda dentro de una maceta. Entonces ponía una transparencia con una pregunta que decía: «¿Cómo hemos llegado hasta aquí?», que es una pregunta que nos hacemos muchos a diferentes edades y en diferentes ámbitos de nuestras vidas. ¿Cómo hemos llegado hasta aquí? Entonces les decía: «Miren, señores, en la vida hay una regla que se cumple siempre, que es de sentido común, pero la olvidamos: planta que no riegas, planta que palma». Es de cajón: planta que no riegas, planta que palma. Pues en las relaciones humanas ocurre lo mismo: relación que no cuidas, relación que palma. Nuestros hijos no nos van a querer mucho porque sean biológicos. Con nuestra pareja, las cosas no irán siempre bien simplemente porque nos hemos casado, había un cura, testigos, contrato y vídeo…, no funciona así, tampoco los amigos lo serán para siempre simplemente porque una vez lo fueron, las cosas funcionan de otra manera. Si cuidas una relación, esa relación puede funcionar, pero, si no la cuidas, es seguro que no funcionará.

Entonces, ¿cómo se cuida una relación? Las relaciones se cuidan con dos palabras: *cariño* y *tiempo*. ¿Qué es cariño? Pues cariño es cariño, lo que viene a ser cariño: besos y abrazos y tocamientos varios. El problema es que cuando estamos desanimados por un entorno complicado nos volvemos menos afectuosos. Hace un tiempo hice el siguiente expe-

Idea 4: cuida lo más importante

rimento: preguntaba a las personas: «¿Cuándo ha sido la última vez que te has sentado delante de tu pareja y mientras la mirabas a los ojos le has dicho: te quiero mogollón». No cuando has salido con prisa de casa y lo has dicho casi sin vocalizar, no, no, mientras la mirabas a la cara. Había personas que me contestaban: «Pero ¿eso se hace?», o que me decían: «Dieciséis años casados, ya no hace falta, que somos mayorcitos y no estamos para tonterías» o quien decía: «Es que yo soy frío», y yo pensaba: «Vaya, no lo sé, ¡pues te calientas!».

Yo vivo en los Pirineos y los fines de semana viene mucha gente a pasear por la montaña. Muchas veces, caminando con mi mujer, he visto a una pareja que venía de frente y que caminaban separados cuatro metros. Ahora ya no porque mi mujer no me deja, pero a mí me encantaba, cuando me cruzaba con el primero de ellos, preguntarle: «Perdone, ¿van juntos?» y se quedaba un poco descolocado: «Sí, sí, ¿por?», «Bueno, porque vaya paseo de domingo más agradable, ¿no?, separados cuatro metros y cada uno pensando en lo suyo». Ahora ya no puedo hacerlo porque mi mujer, cuando los ve venir, me dice que como diga algo se va a casa ☺.

Cómo vivir con alegría

Pues eso, que hay que ser más cariñoso con quien más queremos, ¡que vamos anestesiados! Las personas que viven con alegría quieren mucho a las personas que más quieren y lo demuestran. Decir «te quiero» no es cursi, es humano, y en una sociedad que se ha vuelto tan agresiva, tan hostil y a veces tan inhumana necesitamos reivindicar el afecto, el cariño y la ternura en las relaciones con las personas que más queremos, precisamente por eso, porque las queremos mucho.

Había un programa de televisión que se llamaba *El jefe infiltrado*. Era un programa buenísimo, no da tiempo de explicarlo en detalle, pero básicamente trata de un jefe que se infiltra, ya lo dice el título. Había veces en que el jefe o la jefa se sentaba con alguien y casi siempre eran unas broncas descomunales, pero a veces se sentaba y le decía cosas buenas a esa persona de su equipo: «Me he dado cuenta de que eres una persona espectacular», «Es fantástico ver cómo trabajas», «Eres una persona estupenda»... A la segunda cosa positiva que le decían, ¿qué hacía esa persona? Llorar. Y no lloraban uno o dos que eran sensibles, no, no, lloraban todos y todas. ¡Hasta los vascos lloraban! ¿Y por qué

Idea 4: cuida lo más importante

lloraban? Lloraban porque tenemos la autoestima tan por los suelos que a la mínima que nos dicen dos cosas buenas nos emocionamos, estamos tan acostumbrados a que nos digan dónde fallamos, qué errores cometemos, en qué nos equivocamos… que cuando alguien nos dice dos cosas buenas nos desmonta. Y nos desmonta porque la necesidad más básica que tenemos los seres humanos, después de comer y beber, es la de sentirnos queridos, valorados, apreciados. Esa es nuestra necesidad más básica: sentirnos queridos, valorados y apreciados. Y esa necesidad la tenemos nosotros, la tienen nuestros padres, la tiene nuestra pareja, la tienen nuestros hijos o nuestros compañeros de trabajo. Y a veces habría que plantearse: si preguntamos a tus padres si se sienten queridos, ¿qué dirían? No si los quieres o no, sino si se sienten queridos. ¿Y tu pareja?, ¿y tus amigos?, ¿y tus compañeros de trabajo?

Pues es así de sencillo: si quieres vivir con alegría, di muchas veces a las personas que quieres que las quieres y dile cosas buenas a todo el mundo. No hace falta ser creativo ni mentiroso, si te fijas un poco, sabes que todo el mundo tiene cosas buenas. Así de simple, pruébalo.

Y la segunda palabra para cuidar una relación es *tiempo*. «Es que yo no tengo tiempo», mentira, lo que no tenemos es ganas porque vamos desanimados. La media en España de televisión por persona y día es de cuatro horas. ¡Y luego decimos que no tenemos tiempo! Quizá pienses: «Pero si yo no la veo», pues entonces el que está a tu lado la mira ocho horas, para que salga la media ☺. No falta tiempo, falta ánimo porque estamos cansados y agotados. Cuántas veces llegas a casa y te encuentras a tu hijo pequeño que te dice: «Papi, ¿me cuentas un cuento?», y contestas: «Pfff, ya te lo contaré mañana que hoy estoy agotado y cansado, que te lo cuente tu madre». Porque es inevitable, es que estamos cansados y llevamos todo el día haciendo esfuerzos. Y dejamos de hacerlo precisamente con quien más queremos. ¿Quién al contar un cuento a sus hijos no se ha saltado un párrafo? Claro, pues eso que me ahorro. ¿O cuántas veces nos alegramos y decimos: «¡Se ha dormido!»? Todo el día sin verlo ¡y te alegras de que esté dormido! Uno de los libros de cuentos más vendidos en este país se titula *Cuentos CORTOS para la noche,* y te lo venden así: «Mire usted el índice; 54 segundos el primer cuento, 48

Idea 4: cuida lo más importante

el segundo, el más largo 1 minuto y 13 segundos», «Deme, deme, que me lo llevo». A este paso a nuestros nietos les contaremos cuentos de cinco segundos: «Pues iba Caperucita con su abuela, se cruzaron con el lobo y se comió a la abuela. ¡Hala!, venga, a dormir». Somos así, nos cuesta dedicar tiempo porque el tiempo requiere generosidad, requiere pensar en los demás, requiere esfuerzo, y eso es difícil. Tiempo para escuchar a los demás, por ejemplo. A mí es lo que más me cuesta, pero también es verdad que hay personas que tienen un rollo espectacular, que parece que están acabando y, ¡dale!, se arrancan de nuevo. ¿Recuerdas una serie de dibujos que se llamaba *Campeones: Oliver y Benji*? Era una serie japonesa de un equipo de fútbol. Para los que somos impacientes era inhumana; había un capítulo cada día, y si el tío chutaba a portería el lunes, hasta el viernes no sabías si la pelota había entrado o no, veías volar la pelota desde 147 ángulos diferentes, el tío corría hacia la portería y parecía que estaba a veinticuatro kilómetros, se veía la forma redondeada del planeta; en fin, que era desesperante. Pues hay personas que hablan utilizando ese estilo. Y es el estilo propio de las personas que más queremos, de las personas pequeñitas y también de las mayores. Todos tenemos una madre que pega rollos, no es casualidad. Cuando mi mujer me dice que tiene que explicarme algo muchas veces pienso: «¿Será largo?». Y no escuchamos solamente porque nos interese lo que nos cuenta, escuchamos sobre todo porque nos interesa esa persona, porque necesita explicarlo y porque al escucharla se siente bien, se siente importante, apreciada, querida, valorada. Prueba a preguntar: «¿Cómo estás?», pero no como frase formal y estándar, no, pregúntalo con sinceridad y dispuesto a escuchar. Es difícil que la relación vaya mal si lo haces.

Hay gente que dice: «Yo dedico poco tiempo, pero de calidad»; eso es un cuento chino que alguien se inventó para tener la conciencia tranquila. Tú compra una planta y riégala solo con dos gotas de agua, dos gotas, eso sí, de calidad, ya verás lo que pasa. ¿Qué calidad ni qué tonterías? Cantidad y calidad.

Vuelvo a Covey: lo más importante es entender que lo más importante en la vida es que lo más importante sea lo más importante. Y lo más importante son las personas que queremos. Eso lo entienden muy bien las personas mayores, las que

Idea 4: cuida lo más importante

ven que esto se acaba; ya no están para tonterías y solo les importa lo esencial. Cuántas madres llaman el lunes por la mañana: «Hijo mío, ¿que vendréis el domingo a comer?», «No lo sé, mamá, fuimos ayer y aún estamos a lunes», «Ya, ya, pero es que así me planifico» (¿me planifico?, pero ¡si están jubiladas y no tienen mucho que hacer!). Sí, sí, pero es que las madres viven solo para eso, para saber si el domingo vendrán sus hijos a comer y traerán a los nietos. Han aprendido a discernir qué es lo esencial en la vida.

IDEA 5:
cuida tu salud

La quinta idea es cuidar de nuestra salud, de la salud física y de la mental. Aquí seré breve, básicamente trasladaré unas recomendaciones muy sencillas de los expertos.

La primera: dormir ocho horas. Hay que hacer lo posible por todos los medios para dormir ocho horas, no se puede vivir bien durmiendo cuatro o cinco, arrastrándose..., porque, además, dormir mal no afecta solo físicamente al cuerpo, afecta a nuestra capacidad mental y a nuestro humor. Hay que dormir ocho horas, el cuerpo necesita descansar y necesita hacer el *reset* por la noche.

La segunda es comer sano; aquí podríamos hacer un curso entero de nutrición, pero no lo haremos, primero, porque no soy experto y, segundo, porque no es el lugar. Preocuparse por comer bien, por comer sano, fruta, verduras, frutos secos… y poca comida procesada. Hay muchos libros y muchos expertos en nutrición, infórmate, lee y aplica lo que dicen. Somos lo que pensamos, pero también lo que comemos.

Tercera idea: hacer ejercicio. El cuerpo necesita moverse, es bueno para los huesos, para los músculos y también para el coco porque se segregan endorfinas. Yo tampoco soy un experto en este tema, no sé si deben ser treinta minutos diarios, si tres veces a la semana, si catorce minutos al trimestre…, pero hay que hacer ejercicio, moverse. Solo puedo decir lo que dije antes: infórmate, lee a Valentín Fuster o pregunta a tu médico. Y hazle caso.

Y otra recomendación que haría es escuchar música; la música tiene una capacidad enorme para alegrarnos, para subir nuestro estado de ánimo. Lo sabemos todos porque lo hemos experimentado muchas veces escuchando canciones que nos gustan, aquellas que escuchamos a toda castaña. La música despierta emociones, sentimientos positivos, casi de euforia, por eso la música es una terapia fantástica, es medicina para la mente y para

Idea 5: cuida tu salud

el alma, es una medicina casi gratis, y que no tiene mal sabor ni es desagradable, todo lo contrario, nos hace disfrutar. La Academia Británica de Terapia del Sonido publicó en 2019 un estudio en el que se analizaron a más de siete mil quinientas personas y la conclusión a la que llegaron es que escuchar setenta y ocho minutos diarios de música es el tiempo necesario para aprovechar todos sus beneficios en el cuerpo y la mente. Demostraron también que los efectos terapéuticos de la música empiezan a hacerse evidentes después de once minutos escuchándola, si bien para experimentar la sensación de alegría bastan cinco minutos. Su autora, Lyz Cooper, afirmaba que «escuchar canciones felices incrementa el flujo sanguíneo en áreas del cerebro asociadas con la recompensa al tiempo que disminuye el flujo hacia la amígdala, la parte del cerebro asociada con el miedo». La música nos ayuda a sentir alegría, a controlar la ira o la tristeza y tiene un impacto enorme en nuestro bienestar.

Y la última recomendación sería buscar el contacto con la naturaleza; no voy a describir los efectos terapéuticos de estar en contacto con la naturaleza porque da para tres libros, pero lo puedes

Cómo vivir con alegría

comprobar siempre que quieras. Pasear por un bosque o junto al mar, ver prados, montañas, paisajes, respirarlos. Yo decidí vivir en un pueblo del Pirineo por este motivo. Ver vacas, árboles y verde me ayuda a estar menos tarado que cuando vivía en la gran ciudad. Además, en los pueblos la vida es más tranquila, todo va más despacio, la gente no corre y encima te saluda por la calle y se molesta si no le dedicas más de treinta segundos ☺.

IDEA 6:
sé proactivo

Este es un tema que siempre me ha interesado y que conocí a través de Stephen Covey. No voy a dar una explicación muy amplia sobre esta idea porque ya escribí lo poco que sabía en mi primer libro y porque a veces no es necesario enrollarse. Pero, si a alguien le gusta el rollo, he incluido en el anexo la parte de mi primer libro en la que hablaba de la proactividad, así no hace falta que te compres el libro ☺.

La idea es muy sencilla: en la vida hay cosas que controlamos y cosas que no controlamos. Las cosas son así nos gusten o no, ojalá pudiéramos controlarlo todo y hacer que todo fuera según nos interesa, pero no es así. El hábito que tendríamos que adquirir es el de dedicar el mínimo tiempo a lo que no controlamos y centrarnos en lo que sí que está en nuestras manos. Hay muchas cosas que sí dependen de nosotros. ¿Qué hay en tu vida que no te guste?, piénsalo, podríamos cambiar muchas cosas si dedicáramos menos tiempo a quejarnos y lamentarnos de lo que no controlamos y nos centráramos más en aquellas cosas sobre las que podemos incidir.

¿No te entiendes con tu hija? No busques excusas o justificaciones. Piensa en los motivos y en qué puedes hacer, qué está en tus manos para mejorar esa relación. Lo fácil es culparla a ella, al entorno, a su madre o al vecino. Por ese camino solo ganas desahogo, nada más. Cuando acabes de justificarte y desahogarte, pregúntate: ¿yo qué voy a hacer para cambiarlo? Lo mismo se aplica con tu trabajo, con tu pareja, con tus amigos, con tus padres, con tus hermanos y con tu vida en general.

En las reuniones de Alcohólicos Anónimos se empieza con esta oración que me parece magnífica: «Señor, tú que me has dado fuerza para cambiar aquellas cosas que puedo cambiar, dame serenidad para aceptar aquellas que no puedo cambiar y sabiduría para reconocer la diferencia». Pues eso,

Idea 6: sé proactivo

saber diferenciar, esforzarnos en aquello que está en nuestras manos y aceptar lo que no controlamos con serenidad, que no es lo mismo que resignarse o conformarse. Es asumir que las cosas son como son, aunque no nos gusten. Existe el derecho al desahogo, lo necesitamos porque somos humanos y tenemos que sacar el enfado, el cabreo, la rabia, porque hay cosas que no nos gustan o que son injustas, pero hay que pasar esa fase y llegar a la serenidad. No aceptar lo que no nos gusta es lo que nos hace sufrir, no aceptar lo que nos molesta es lo que nos pone de mal humor. Hay que asumirlo con serenidad porque entonces la energía ya no la dedicas a amargarte o amargar a los demás, sino a mejorar la situación, a avanzar, a poner tu energía en salir adelante. Es muy fácil explicarlo y sé que es muy complicado aplicarlo, hay que ser muy grande para tener serenidad cuando lo que querrías es mandarlo todo a la mierda.

IDEA 7:
para de vez en cuando

Vamos por la vida como pollos sin cabeza. Nos despertamos estresados y nos acostamos agotados. Vivimos en un ritmo frenético y el activismo que impera nos invade incluso los fines de semana y las vacaciones. Hay que llenar nuestros días con muchas cosas, actividades sin parar y muchas relaciones sociales, no hacer nada, hacer el vago está mal visto, es de risa. ¡En esta sociedad no paramos ni para pagar el peaje! Yo soy de pueblo y lo descubrí hace muy poco; ya sabía que existían las vías rápidas en los peajes, frenabas, el VIA-T te detectaba y te cobraba y se abría la barrera, pero hace poco, al salir de Barcelona, pasé por la autopista y ya no hay ni peaje físico, simplemente pasas por un carril y te detecta, ni barrera ni frenazo. En vacaciones hay que viajar, y cuanto más lejos mejor, hay que publicar en las redes sociales que uno está en la otra punta del globo para parecer interesante. Yo he experimentado todo lo contrario, creo que la soledad a veces es buena, estar en familia y sin hacer grandes cosas, simplemente un puzle o un paseo, pues es muy necesario tener momentos de tranquilidad y poca actividad, necesitamos descansar, desconectar, a veces es muy recomendable no tener nada que hacer.

Una de las cosas que deberíamos hacer cuando paramos, cuando buscamos esos espacios de tranquilidad, es pensar en nuestra vida, en cómo van las cosas, qué funciona bien, qué funciona menos bien, qué haremos para corregirlo, qué inquietudes tenemos, qué queremos hacer con nuestras vidas. Parar para reparar, para pensar, para reflexionar, para ordenar las ideas. Y se piensa en silencio.

Si trabajas en una empresa, seguro que es como todas y tiene unos objetivos anuales en diferentes ámbitos, como ventas, facturación, rentabilidad y otros indicadores varios. ¿Cada cuánto revisan las empresas sus objetivos? Te imaginas que alguien dijera: «Yo los reviso a final de año, así veo

Idea 7: para de vez en cuando

si hemos llegado a los objetivos o no». Sería un papanatas, ¿no? ¿Cómo que a final de año? Entonces no hay tiempo para corregir o reaccionar, lo normal es hacer un seguimiento de los objetivos cada mes, cada trimestre, en fin, cada cierto tiempo, así se está a tiempo de corregir aquello que no va por el buen camino. Es de cajón. Pues eso que vemos tan normal para el funcionamiento de una empresa, ¿por qué nos parece extraño aplicarlo a lo más importante que tenemos, que es nuestra vida? Pues no, en la vida no lo hacemos, y así nos va, corremos y no sabemos muchas veces adónde o con qué sentido.

Resulta increíblemente fácil caer en la trampa de la actividad, en el ajetreo de la vida, trabajar cada vez más para subir por la escalera del éxito... y descubrir finalmente que estás apoyado en la pared equivocada. Estamos tan inmersos en nuestras rutinas diarias que no vemos el momento de parar o lo hacemos cuando es tarde. Este cuento me encanta porque lo explica de manera muy gráfica:

A Pakhom, un campesino ruso, lo convencen de que será un hombre de éxito cuando sea dueño de tantas tierras como las que abarcan cualquiera de las inmensas fincas de los nobles rusos. En estas circunstancias, le ofrecen sin coste alguno toda la tierra que pueda rodear corriendo a toda velocidad desde el amanecer hasta el ocaso. Sacrifica todo lo que tiene para viajar hasta el lejano lugar donde le han hecho esta generosa oferta. Después de muchas penurias, llega al lugar y hace todos los preparativos para el día siguiente. Se fija el punto de partida. Pakhom echa a correr como un gamo en cuanto despunta el sol. Corre bajo el sol de la mañana, sin mirar a derecha o izquierda; corre enfervorecido, cegado por la luz y por el calor abrasador. Sin detenerse a comer ni a descansar, continúa trazando su círculo y, cuando el sol se pone, llega trastabillando a la meta. ¡La victoria!, ¡el éxito!, ¡se ha cumplido el sueño de su vida!

Pero con el último paso cae muerto al suelo. Todo lo que necesitará ahora es un metro ochenta de tierra.

L. TOLSTÓI

El estrés nos mata; el ritmo de vida que llevamos es el causante de muchas enfermedades, angustias, insatisfacciones y frustraciones. Una vez leí en una entrevista a Valentín Fuster, uno de los cardiólogos

Idea 7: para de vez en cuando

más prestigiosos del mundo, una cosa que me llamó mucho la atención: «A quienes se preocupan por su salud les aconsejaría que se reservasen un rato cada día para ellos mismos, para poder pensar, simplemente pensar. Vivimos en un mundo tremendamente acelerado, donde no hay tiempo de saber dónde estás ni adónde vas, y uno debe tomar partido sobre cuáles son sus objetivos en la vida y cómo conseguirlos».

Ahora me ha venido a la cabeza otro cuento que exponía en un libro anterior pero que necesitamos recordar porque es fácil olvidar lo que nos enseña:

Había una vez un hachero que se presentó a trabajar en una maderera. El sueldo era bueno y las condiciones de trabajo, mejores aún, así que el hachero se decidió a hacer un buen papel.

El primer día se presentó al capataz, quien le dio un hacha y le designó una zona. El hombre, entusiasmado, salió al bosque a talar. En un solo día cortó dieciocho árboles. «Te felicito –dijo el capataz–, sigue así.»

Animado por las palabras del capataz, el hachero se decidió a mejorar su propio desempeño al día siguiente, así que esa noche se acostó bien temprano. A la mañana se levantó antes que nadie y se fue al bosque. A pesar de todo el empeño, no consiguió cortar más que quince árboles. «Me debo haber cansado», pensó, y decidió acostarse con la puesta del sol.

Al amanecer, se levantó decidido a batir su marca de dieciocho árboles. Sin embargo, ese día no llegó ni a la mitad.

Al día siguiente fueron siete, luego cinco y el último día estuvo toda la tarde tratando de derribar su segundo árbol.

Inquieto por lo que pensara de él el capataz, el hachero se acercó a contarle lo que le estaba pasando y a jurarle y perjurarle que se esforzaba al límite de desfallecer.

El capataz le preguntó: «¿Cuándo afilaste tu hacha por última vez?». «¿Afilar? No tuve tiempo de afilar, estuve muy ocupado cortando árboles.»

Extraído de *Recuentos para Demián*, de Jorge Bucay

Hay que buscar espacios para la reflexión, diez minutos diarios nos salvarían la vida. Diez minutos para pensar en nosotros y en nuestras vidas. ¿No tienes tiempo para pensar? ¿No tienes al menos

Idea 7: para de vez en cuando

diez minutos a la semana? Es como decir que tu coche está en reserva y que no tienes tiempo de pasar por la gasolinera porque estás demasiado ocupado conduciendo. Como dijo P. Descouvemont, «no conozco a nadie que haya muerto de hambre por falta de tiempo para comer». Seguro que puedes encontrar un poco de tiempo si dejas de hacer otra cosa, como, por ejemplo, ver la tele. Si lo consideras importante, el tiempo lo encontrarás. Si no le das la importancia que tiene, todo serán excusas para no encontrar tiempo. La mayoría de nosotros piensa, sin duda, pero el problema es que pensamos lo justo para sobrevivir.

Vivimos en la sociedad del escaparate, en la que cuenta más parecer que ser; la sociedad del aparentar, del figurar, del exhibir. Es el reino de lo ficticio, del envoltorio, de Instagram, es una carrera sin tregua que nos intenta arrastrar a todos, nos desgasta, nos desequilibra. La sociedad actual ha logrado multiplicar las ocasiones de placer, pero tiene muchas dificultades para generar felicidad y alegría interior, que es lo que en el fondo todos buscamos. Porque todos queremos encontrar sentido a nuestras vidas; en el fondo de cada uno de nosotros existe el anhelo de vivir una vida de grandeza, de dejar huella, de aportar algo. De tener una vida con sentido. Y eso hay que buscarlo en el silencio, debemos apartarnos un poco de la sociedad, que es la sociedad del ruido. En un entorno como el actual, que se caracteriza muchas veces por la rapidez y el estrés, es responsabilidad de cada uno de nosotros reivindicar momentos para la pausa, espacios para la reflexión. Sin silencio nuestras vidas se ven invadidas por lo urgente, por lo superficial, sin tiempo para lo importante. Sin silencio olvidamos lo que es prioritario en nuestras vidas y nos dispersamos en mil cosas intrascendentes. Sin pararnos a pensar, sin pararnos a reflexionar, pasamos por la vida, pero no la vivimos en profundidad. El tiempo y el esfuerzo que muchas personas invierten en acumular y mantener riquezas exteriores o materiales deja muy pocas oportunidades para cultivar la riqueza interior y cualidades como la bondad, la compasión, la amabilidad, la paciencia, la tolerancia, la generosidad…, que son las cualidades más importantes que podemos tener como padres, parejas, amigos o profesionales.

Idea 7: para de vez en cuando

Tolstói decía que «hay muchos tipos de conocimiento, pero hay uno que es mucho más importante que los demás y que muchas veces se menosprecia, que es el conocimiento de cómo aprender a vivir».

IDEA 8:
ponte ilusiones

Igual que necesitamos comer y beber, necesitamos tener ilusiones. No podemos vivir sin ilusión, sin esperanza, sin un futuro que nos motive. Una persona sin ilusión está muerta, o a punto. Es fantástica la semana que sabemos que acaba con un puente para el que hemos hecho planes, estar organizando una comida con amigos para dentro de unos días, un viaje que haremos en vacaciones o una final de la Champions, la ilusión es la antesala de la felicidad. La vida puede ponernos muchas ilusiones, pero si no lo hace, hay otra alternativa: póntelas tú. Sí, sí, ¿no tienes ilusiones?, ¡búscatelas tú! Tener ilusiones no tiene nada que ver con gastar dinero, para nada, de hecho, si lo piensas, lo mejor de la vida es casi siempre gratis.

Mis amigos que van en bici salen el domingo, pero empiezan a organizarlo desde el lunes anterior. Yo no voy en bici con frecuencia, pero lo veo en el chat de mis amigos, los lunes ya empiezan a dar la matraca: «Iremos por esta zona», «Desayunaremos en tal sitio». Yo veo los mensajes y pienso: «¡Se lo pasan pipa, estos mamones, pedaleando!». Sí, sí, pero se lo pasan pipa de lunes a sábado organizándolo y el domingo sacan la bici, disfrutan como enanos y el lunes vuelta a empezar. Las mejores ilusiones son simples. A mi mujer le hace ilusión saber que estaremos todos juntos el fin de semana en casa, con una manta, la chimenea encendida y viendo una película. A veces hace un poco de calor e intentamos sacarnos la manta, pero enseguida reacciona: «No, no, ¿qué dices?, no hace calor, ¡venga, a taparse con la manta! Nada de calor!». Si no hay manta, la imagen ya no es la que le hace ilusión, y ahí estamos a veces, sudando la gota gorda por la ilusión de mi mujer ☺.

Yo mando un wasap cada lunes a mis hijos con dos preguntas muy simples. Primera pregunta: ¿estaréis en casa el fin de semana? (el mayor tiene veintidós años y a veces está, a veces no está...). Segun-

Idea 8: *ponte ilusiones*

da pregunta: ¿iremos de excursión? (saben que a mí me gustan los paseos por la montaña largos, muy largos). Que me contesten «sí» a las dos preguntas pasa dos veces al año, tres si es un año muy bueno, porque normalmente las respuestas son: «No y tampoco», «No y que te den». Eso es lo normal. Pero la semana que es «sí, sí», noto que voy con más ganas, porque ya sé que el domingo voy a tener tres horas para estar con mis hijos sin cobertura, sin teléfono, tres horas para hablar, reírnos, contarnos la vida, inventar insultos –que es lo que nos gusta–... Porque hay edades en las que cuesta mucho compartir tiempo con ellos, porque están para otras cosas, ya tienen su vida, están con sus amigos –que es normal–, y tres horas con ellos es un auténtico lujo. Y gratis.

La rutina nos mata. Sal a cenar un lunes. Imagina que hiciéramos este estudio. ¿Quién sale a cenar un lunes?, dos colgados, ¿y el martes?, dos colgados. ¿El miércoles?, dos colgados. ¿El jueves?, catorce colgados. ¿Y el viernes?, el pelotón, ¿y el sábado?, el pelotón. ¿Y el domingo?, dos colgados. Y esta pauta se repite cincuenta y dos semanas al año setenta y seis años de nuestras vidas. Pero a ti qué te pasa, ¿que los lunes no cenas?, «Sí, pero es que no se sale». ¿Ah, no?, ¿quién lo ha dicho?, ¿está prohibido?, ¿te persiguen? «Pero es que hay que madrugar.» Pero si se puede cenar de nueve a diez y media y a las once estar en la cama. «Ya, pero gastaremos.» El mejor sitio para cenar en mi pueblo es el fráncfort. En todas partes hay un fráncfort, con esa cerveza tan espectacular, la salsita y el sudor del cocinero que cae sobre la salchicha. Con diez euros has cenado tú, tu pareja y encima queda para propina.

Tener ilusiones no es un don, tampoco una suerte o un gen. Qué suerte que tú has nacido con esa capacidad de ilusionarte por todo y qué mala suerte que tú no has nacido así y eres un poco cenizo... No, no. No funciona así. Tener ilusiones es un hábito. ¿Tú tienes ilusión por todo?, porque quieres. ¿Tú no tienes ilusiones?, pues porque no quieres. Empieza. Piensa en qué te haría ilusión, planifica esos momentos que para ti serían fantásticos. Yo ahora mismo estoy organizando mi cumpleaños en casa con mis mejores cuatro amigos y sus mujeres, ¡y faltan cinco meses!

IDEA 9:
ponle pasión a todo

«Si no haces lo que te apasiona, apasiónate con lo que haces.» Esta frase siempre me ha encantado. Se la leí por primera vez a Andrés Iniesta, al que admiro muchísimo por su calidad humana.

Hay personas que se lo pasan pipa poniendo un lavaplatos; las hay que no, que ponen el lavaplatos despotricando: «Coño, qué guarros sois», «Esto no va aquí», «Me cago en la leche, me estoy perdiendo la película»... Pues, hala, ¡a disfrutar!, pero ¡si lo vas a poner igual! Hay quien pone el lavaplatos como si fuera un tetris, está ahí moviendo vasos y le preguntan: «¿Que no vienes?», y responde: «¡Un momento, voy a batir mi récord de dieciocho vasos!», y está ahí el tío metiendo el diecinueve como puede. Hay personas así, que se emocionan con todo. ¿Dónde está el truco? Hay una frase que a mí siempre me ha gustado y que me ha ayudado mucho: «No se trata de hacer cosas extraordinarias, se trata de hacer las pequeñas cosas ordinarias de manera absolutamente extraordinaria». Hacer las cosas ordinarias de manera absolutamente extraordinaria. Si toca lavar platos, ser el mayor *crack* mundial lavando platos; si toca poner la mesa, ser el campeón del mundo poniendo mesas. Porque, cuando uno se apasiona por todo lo que hace, no solamente disfruta, sino que también hace las cosas mucho mejor. Porque, si toca poner grapas, ¡tienes que ser el mejor ponegrapas del planeta! Porque las grapas las vas a poner igual y, si las pones pensando: «Vaya mierda esto de poner grapas, ¿por qué las tengo que poner siempre yo?, aquel de allá nunca pone grapas, qué poco aporta poner grapas, es aburridísimo poner grapas, me duele la mano de poner grapas, ¿por qué no compran una máquina que grape?...», las grapas las vas a tener que poner igual, pero las pondrás torcidas y de mal humor. Es de tontos. Si toca, toca y es más listo quien lo hace con buena cara.

Apasionarse con todo es un hábito que todos podemos adquirir si queremos, y hay muchas co-

Idea 9: ponle pasión a todo

sas pequeñas cada día por las que emocionarse. Yo tengo una rutina que cumplo desde hace muchos años. Cuando acabo la última sesión del día, sean las siete de la tarde o las doce menos diez de la noche, siempre hago lo mismo: me tomo una cervecita. Es mi premio, me lo merezco. Lo que los budistas llaman el nirvana, la iluminación… para los que no somos budistas es la cervecita del final del día. Me la he ganado. Y me obligo a disfrutarla desde que veo venir al camarero a seis metros de distancia, «¡Oh, mira, mira, que viene la cervecita, qué buena pinta!», y ya no le saco el ojo, voy siguiendo la bandeja hasta que me ponen la cervecita delante. Hay gente que enseguida la agarra y se la bebe sin darse ni cuenta. ¡No, no, coño! La cerveza no se toca, primero se observa, se admira, por respeto. Yo me obligo a contar diez segundos; la miro, diez, nueve, ocho, observo esa espumita y cómo suben las burbujas, ese vaso helado del que caen las gotas, y con una sed tremenda sigo contando, siete, seis, en el cinco ya no veo nada, se me han hinchado los lagrimales de la emoción y estoy llorando, cuatro, tres, dos, uno, y ese primer trago –primero y a veces único–, buah, eso es la felicidad. Y la podemos tener cada día por un euro veinticinco. Es que a veces nos complicamos mucho la vida, hay que aprender a apasionarse por las cosas de cada día.

Todos conocemos a personas que han estado enfermas y, cuando se han recuperado, siempre nos dicen lo mismo: «Ahora disfruto de todo». ¿Hace falta que nos pase algo grave para darnos cuenta de que hay muchas pequeñas cosas que podemos disfrutar cada día? Suficientemente dura y triste es la vida a veces como para no permitirnos disfrutar también un poquito de estas cosas. Porque nos lo merecemos y porque necesitamos estas dosis de alegría para afrontar los retos diarios.

IDEA 10:
sé agradecido

Hay un refrán que dice: tú no sabes lo que tienes hasta que no lo tienes. Y no es demagogia, es una verdad como un piano. No sabes lo que tienes hasta que lo pierdes.

Es una frase que hemos oído cien veces, pero el problema es que la hemos olvidado ciento una. Nuestra cabeza está casi siempre inmersa en preocupaciones. Imagina que te llamo por teléfono un martes a las once de la mañana. ¿En qué estás pensando?: problemas, preocupaciones, temas pendientes y cosas que resolver. ¿Y si te llamo el jueves a las cinco de la tarde?: problemas, preocupaciones, temas pendientes y cosas que resolver. ¿Y ahora mismo en qué estás pensando? Pues entre chapa y chapa que te estoy dando, piensas en problemas, preocupaciones, temas pendientes y cosas que resolver. Adquiere este hábito y pregúntate cada día varias veces: ¿qué hay de fantástico en mi vida? Porque es verdad que hay muchas cosas que no funcionan, tenemos preocupaciones y muchas cosas que resolver, pero también es cierto que todos tenemos cosas fantásticas en nuestras vidas, y en esas no pensamos, las damos por descontado y no las valoramos hasta que no las tenemos.

Estoy seguro de que nadie llega por la noche a su casa, enciende la luz y dice: «Ole, ole y ole con la luminaria», ¡sería de tarados! Sí, sí, pues lo mismo nos pasa con todo. No valoras que vives en Cádiz hasta que vas de viaje de trabajo a otra parte y cuando regresas te das cuenta: «Oohhhh, qué bonito es Cádiz». Digo Cádiz como puedo decir Madrid, Santander o Calamocos. El otro día iba a ver a un cliente en Barcelona y la escena era la siguiente: un señor desayunando en una terraza, de espaldas a la Sagrada Familia. Recuerdo que vi la escena y pensé: «¿Voy o no voy?, ¿voy o no voy?... Sí, sí, voy», y me acerqué y le dije: «Disculpe, señor, no nos conocemos de nada, pero permítame una reflexión constructiva: aquí vienen cada día los japos. Y los

Idea 10: sé agradecido

japoneses vienen ensalchichados veinticuatro horas en un avión para ver la Sagrada Familia, ¡y usted está desayunando de espaldas, merluzo! ¡Gire la silla!». Hay sitios en Barcelona en los que el desayuno viene con la Sagrada Familia incluida en el precio. Si un día se cae, alguien dirá: «Qué pena», pero ¡si no la mirabas, melón!

En la vida nos pasa lo mismo, nos hemos acostumbrado a lo bueno y solo lo valoramos cuando ya no lo tenemos. ¡Es de locos! ¿Vives en Madrid?, pues Madrid tiene cosas fantásticas, muchas, pero hay una que está por encima de las demás y que se llama Mahou, ¡Mahou! A mí me encanta la cerveza, respeto todos los gustos, pero yo soy de Mahou. En mi pueblo, una Mahou son cincuenta kilómetros, y de lata. Pero en Madrid llegas en el AVE a Atocha y a la izquierda ya te recibe el edificio de Mahou, como diciendo: «¡Bienvenido al paraíso, chaval!». Tú caminas por Madrid y en cualquier calle estiras un brazo a la derecha o a la izquierda y tienes una cañita de Mahou a tu disposición. Y tengo amigos que preguntan: «¿Existe un sitio así?», «Sí, sí, sí, ¡existe!», «¿Y no se acaba nunca?», «No, no, ¡no se acaba nunca!». Pero, claro, el que vive allí no es consciente. Yo he ido a veces con un cliente a tomarme una cerveza y veo que se queja de todo, que está enfadado con el mundo mientras va dando tragos, glugluglú, y cuando ya me pone nervioso le digo: «Que es una Mahou, ¡disfrútala!». En mi casa yo las tengo separadas para momentos muy puntuales, porque no puedo tomar cada día una Mahou, porque no tengo tantas, y cuando abro una Mahou –mi mujer y mis hijos ya lo saben– exijo *silencio* para disfrutar de ese momento con los dieciséis sentidos.

Haz tu lista de cosas fantásticas. ¿Te gusta tu trabajo? Apunta: mucha gente no puede decir lo mismo. ¿Tienes un proyecto interesante? Apunta. ¿Te forman? Apunta. ¿Tienes compañeros con los que te ríes, con los que puedes hablar, a los que puedes explicar tus problemas, con los que compartir un café? Apunta, porque a veces no lo valoramos. Yo, que trabajo solo, a veces pienso que me gustaría tener a alguien al lado para hablar, reír, compartir, al que explicarle mis problemas. ¿Tú lo tienes y no lo valoras? Melón. Duermes cada noche en tu casa ¿y no estás contento? ¡Duermes cada noche en tu casa! «Es que me gustaría dormir en casa de aquella», hay

Idea 10: sé agradecido

gente que nunca está contenta con nada. ¿Tienes una madre con salud? Apunta. ¿Tienes unos hijos espectaculares? Apunta. ¿Tienes una pareja increíble? Apunta. ¿No te duele nada? Apunta. ¿Eres del Barça? ¡Messi, Messi, Messi y Messi! Hay veces que vienen amigos a casa a ver el fútbol y a mitad de partido se levantan y les pregunto: «¿Adónde vas?», y me responden: «Al baño», «¿Cómo que al baño? ¡Si está jugando Messi!», y me dicen: «Ya, pero es que me lo hago encima», «Pero ¿cuántas veces te he dicho que te olvides del sofá, ya lo lavaremos, y que decidas qué es lo más importante?». Pues nada, se levantan, se van al baño y vuelven como si no hubieran hecho nada malo. Y yo les miro y digo: «Melón, ven con pañal, ¡ya habrá tiempo para ir al baño cuando se retire Messi!». Pues en la vida nos pasa lo mismo: damos por hechas muchas cosas y no las valoramos cuando las tenemos.

Pequeña conclusión

A veces pensamos que ser positivo es ser iluso, pero esa no es la propuesta de la psicología positiva, no se trata de imaginar que todo es maravilloso, estupendo, de color de rosa, todo fantástico…, porque no es verdad, la vida no es así. La psicología positiva no es demagógica, es muy realista. La vida tiene cosas fantásticas y cosas que no lo son, pero lo importante es entender que cada uno elige dónde centra su atención. El gran poder que tenemos las personas es que solo nosotros elegimos nuestra actitud, es nuestra gran libertad, nuestra gran responsabilidad. Tú eliges ser una persona positiva o negativa, buena o mala persona, ser amable o antipática, ilusionarte o no, apasionarte por lo que haces o lamentarte, valorar lo bueno que tienes o quejarte de todo lo malo. Tú eliges. Ahora bien, el truco está en adquirir el hábito de elegir siempre tu mejor actitud, tu mejor versión; «tú eliges» no es una frase bonita, «tú eliges» es la realidad, porque en cada instante elegimos nuestra actitud. Por eso cada instante nos acerca un poquito más a la grandeza como personas o cada instante nos acerca un poquito más a la mediocridad. Y el objetivo que deberíamos tener todos es hacer de nuestra vida una vida útil, este es el anhelo que tenemos todos: hacer de nuestra vida algo grande como padres, como parejas, como amigos, como profesionales…, como personas, y eso se consigue eligiendo en cada instante tu mejor actitud, o intentándolo, por lo menos. Y como te dé por elegir en cada momento tu mejor versión, descubrirás tres cosas:

1. Que cada vez es más fácil, es un hábito, y, si no tienes un drama en tu vida, al final está chupao ir por la vida con alegría.
2. La vida se vuelve apasionante porque ya no te fijas en lo malo, en lo que no funciona, te fijas en lo bueno, en lo importante, en lo esencial.
3. Harás de tu vida una obra de arte, que es para lo que estamos en este planeta; estamos aquí

Pequeña conclusión

para hacer de nuestro recorrido una obra de arte y para que, cuando palmemos, a los ciento catorce, aparezca san Pedro y, al ver la espectacular obra de arte que hemos hecho con nuestra vida, solo pueda decir tres palabras: «¡Ole, ole y ole!».

Anexo.
Proactividad (extraído del libro *El efecto actitud*)*

Ser proactivo es ser responsable. ¿Qué quiere decir ser responsable? Tener la habilidad para responder adecuadamente en cada situación. Para hacer lo que se tiene que hacer, lo que es correcto y adecuado hacer en cada momento.

Lo verdaderamente importante cuando hablamos de ser responsables es darse cuenta de que nosotros podemos controlar mucho más sobre nuestra vida de lo que realmente creemos, de que podemos hacer muchas más cosas de las que hacemos para controlarla.

* Küppers, Victor, *El efecto actitud*, Barcelona: Ediciones Invisibles, 2011.

* * *

Hay un concepto que me parece genial: el valle de las excusas. Desde pequeños, estamos acostumbrados a que «otros» nos saquen las castañas del fuego. Primero son nuestros padres y después los profesores. Más adelante pueden ser los jefes, los compañeros de trabajo, los amigos, el cónyuge, etcétera. Hay momentos en nuestra vida en los que tenemos que dar un salto, un paso importante, aceptar la responsabilidad, pero nos da un poco de miedo. Por eso, en lugar de dar el salto que hace falta, damos un salto más corto (en vez de dejar de fumar de golpe, lo hacemos poco a poco, una semana diez pitillos, la siguiente ocho, después cinco, etcétera.).

Lo que ocurre entonces es que no llegamos «al otro lado». Caemos en el llamado valle de las excusas, en el que la culpa de lo que nos ocurre es siempre de otros o de las circunstancias y nunca nuestra: «Es que mis padres», «Es que no estudié», «Es que estudié demasiado», «Es que soy muy joven», «Es que mi familia», «Es que mis hijos», «Es que la ciudad donde vivo», «Es que mis jefes», «Es que la empresa donde trabajo», «Es que mis compañeros», «Es que no tengo medios», etcétera.

Nos sentimos muy cómodos en el valle de las excusas, siempre encontramos a un culpable que justifica lo que no hemos hecho. No has logrado dejar de fumar cuando lo has intentado, pero... ¿de quién es la culpa? ¿Tuya?, ¡ni hablar! Seguramente no has dejado de fumar porque «estás pasando por un mal momento en el trabajo», «porque los que lo consiguen no tienen un trabajo tan complicado y estresante como el tuyo», etcétera. Así te quedas tranquilo, pero la realidad es que no has dejado de fumar.

* * *

Quien quiere hacer algo encuentra un medio; quien no quiere hacer nada, encuentra una excusa.

* * *

En la vida hay tres tipos de personas: los que hacen que las cosas ocurran, los que miran lo que está ocurriendo y los que preguntan qué ha ocurrido. ¿En qué grupo estás tú?

Hay muchas cosas que nosotros podemos controlar, ¡muchas!, pero hay otras que no podemos controlar, indudablemente, y esas pueden ser muchas para algunas personas. Tú no puedes controlar si hoy llueve, si tu jefe ha venido de mal humor, si alguien se pone enfermo, si deciden cambiarte de funciones en el trabajo, las actitudes de los demás, las dificultades para conseguir un trabajo mejor, etcétera. Pero sí que puedes controlar tus reacciones y tu estado de ánimo ante estas circunstancias.

Yo trabajo mucho con vendedores y sé que es más fácil quejarse de las cosas que no puedes controlar —los precios son elevados, hay poca publicidad, no hay apoyo promocional, la competencia tiene mejores ofertas, mi jefe no se entera, etcétera, que centrarse en las que sí puedes controlar —tu forma de vestir, los conocimientos que tienes sobre tus productos y los de la competencia, la argumentación de las objeciones más frecuentes, devolver las llamadas, ser puntual, mejorar tus habilidades de venta, etcétera. Los vendedores mediocres dicen: «Es que a mí no me forman». Los *cracks*, en vez de quejarse («¡Ojalá me formaran!»), buscan la manera de formarse ellos mismos. ¿Tie-

Anexo. Proactividad

nes diez minutos cada día para hacer algo muy importante?, ¿verdad que para algo que fuera muy importante encontrarías ese tiempo? Diez minutos al día equivalen a leer un libro cada dos semanas, a un ritmo normal, sin técnicas de lectura rápida; un libro cada dos semanas son dos libros al mes; dos libros al mes son veinticuatro libros al año, ¡veinticuatro libros! Si lees veinticuatro libros al año, automáticamente eres el mayor gurú mundial sobre el tema que lees. Quizá pensarás que me he pasado, que veinticuatro son muchos. ¿Qué te parecen tres libros? Uno por trimestre y en verano descansas. Todo está en los libros. ¿Qué te preocupa? ¿Liderar mejor? 124.256 libros. ¿Mejorar las habilidades de ventas? 345.679 libros. ¿Trabajo en equipo? 342.145 libros. Todo está en los libros.

La persona que es responsable, que es proactiva, es aquella que se centra en las cosas que puede controlar y no en las que no puede controlar. No hay que negar las que no se pueden controlar, claro que existen y pueden ser muy importantes, pero no hay que centrarse en ellas porque, si no, no se avanza, simplemente porque no se puede influir en ellas. Hay que saber vivir con las no controlables y volcarse en las cosas que sí que se pueden controlar. Esa es la única forma de avanzar. Las personas reactivas reaccionan a los acontecimientos y a las circunstancias y se lamentan de todas las cosas que les afectan pero que no pueden controlar. Las proactivas, al contrario, se adelantan a las circunstancias, se esfuerzan por mejorar la situación y aceptan las cosas no controlables que también les afectan.

* * *

Muchas personas tienen miles de razones para no hacer algo cuando todo lo que necesitan es una para hacerlo.

* * *

Tengo un amigo que cada vez que nos vemos se lo toma como una sesión de terapia. Me explica lo poco que le gusta su trabajo, lo mal que su jefe lo trata, la presión que tiene que sufrir, cómo todo eso afecta a su familia, etcétera. Antes intentaba consolarlo, hacerle ver que las cosas cambiarían, decirle que no se lo tomara así, etcétera. Ahora he cambiado de táctica. Cuando ya me ha contado todas sus desgracias y se ha desahogado, le pregunto: «¿Y por qué no te vas?, ¿por qué no cambias de trabajo?», y él se queda bloqueado. ¿Por qué se bloquea? Porque esa es la única alternativa proactiva que le permite quedarse en el valle de las excusas, donde tan cómodo se encuentra. Yo no le digo que se marche de un día para otro, eso sería irresponsable porque tiene unos gastos, una familia, etcétera. Pero puede elaborar un plan a seis meses vista para cambiar que incluya rehacer el currículum, asistir a algún curso de reciclaje, contactar con empresas de selección, hablar con conocidos y amigos, etcétera. Tiene que preguntarse qué es lo que él puede hacer para cambiar la situación y no lamentarse y escudarse en las múltiples excusas que puede encontrar para, al fin y al cabo, no hacer nada.

La ley de causa y efecto y el poder de nuestras decisiones

La ley de la granja que explica Stephen Covey, también llamada ley de causa y efecto, proclama que para todo efecto hay una causa, que no se pueden producir determinados efectos si no se facilitan las causas y que para cambiar los efectos hay que modificar las causas. Si quieres recoger, primero hay que arar, sembrar y regar. No hay atajos. No hay trucos para ir más rápido y saltarse los pasos. La ley de la granja también es aplicable al comportamiento humano. Las relaciones personales también funcionan como los procesos naturales: no hay atajos, solo principios. Si quieres llevarte bien con alguien que en realidad no te cae bien, trátalo amablemente, pero no disimules y hagas ver que te cae bien. Como dice un refrán popular, si quieres sacar miel, no des puntapiés a la colmena.

Si tienes un huerto y quieres recoger patatas, primero tienes que arar la tierra, luego sembrar, regar de vez en cuando y finalmente recoger la cosecha. Es lógico, nadie puede pretender obtener patatas solo mirando un campo y deseando con todas sus fuerzas que en él crezcan patatas. Hacerlo sería ridículo, ¿verdad? No lo conseguirías aunque fueras la persona más optimista y positiva del mundo. Entonces, ¿por qué hay personas que le piden mucho a una relación sin poner nada de su parte?,

Anexo. Proactividad

¿o se quejan de su trabajo sin esforzarse?, ¿o de su situación sin intentar cambiarla? Por el contrario, puedes estar seguro de que, si activas una causa, se producirá un efecto. El que siembra recoge, emocional, física, mental y espiritualmente.

En esencia, si queremos dirigir nuestras propias vidas (efectos), debemos hacernos cargo del control de nuestras acciones (causas). Lo que configura nuestras vidas no es lo que hacemos de vez en cuando, sino lo que hacemos de forma constante.

La proactividad significa poner las causas que provoquen los efectos que deseamos. El que busca efectos sin esforzarse por establecer sus causas es un irresponsable. Eliges la causa, no el efecto, la acción, no la consecuencia. Esta llega sola si activas la causa.

Volvamos a retomar el tema del poder de nuestras decisiones. Si queremos cambiar nuestras actitudes, modificar nuestros comportamientos y mejorar nuestra vida, la pregunta importante es: ¿qué es lo que precede a nuestras acciones?, ¿qué determina nuestras acciones y, consiguientemente, en quién nos convertimos? La respuesta es: las decisiones que tomamos. Nuestro destino queda configurado por las decisiones que tomamos. Todas las cosas en la vida, las que más te gustan y las que menos, empiezan con una decisión. Las decisiones que estás tomando hoy determinarán tu felicidad actual y también la de dentro de unos años. Son las decisiones, y no las condiciones de nuestras vidas, las que configuran nuestro destino más que ninguna otra cosa. Hay personas que nacen con ventajas: tienen ventajas genéticas, ambientales, familiares o de relaciones. Pero también sabemos que hay otras que, sin nada de eso, han llegado a triunfar. Muchas personas utilizan sus circunstancias y su entorno como excusa para no progresar.

Si todo se reduce a tomar decisiones y ya está, ¿por qué no hay más personas que simplemente siguen este consejo? Porque no sabemos lo que significa tomar decisiones. En lugar de tomar decisiones, seguimos manifestando deseos. Una decisión no es un deseo, es un compromiso. Tomar una decisión, a diferencia de algo así como «me gustaría dejar de fumar», significa comprometerse en alcanzar un resultado y luego descartar cualquier otra posibilidad que no sea esa.

La diferencia entre el deseo y la decisión está en

Anexo. Proactividad

la acción: «quiero dejar de fumar» frente a «he decidido dejar de fumar». La clave está en la acción, en actuar, no en pensar. La diferencia entre los que destacan y los que no es su aptitud para ponerse en acción. En última instancia, todo lo que leas, todo lo que aprendas en un curso o en cintas, todo eso no sirve para nada a menos que decidas utilizarlo, que te pongas en acción.

Somos, esencialmente, tomadores de decisiones. En cada uno de los momentos de nuestra existencia estamos tomando decisiones entre muchas posibilidades de elección. Nos guste o no, todo lo que nos está sucediendo en este momento es consecuencia de las decisiones que hemos tomado en el pasado. Algunas de esas decisiones las tomamos conscientemente, mientras que otras, por desgracia, las tomamos de manera inconsciente y por eso no sabemos que son decisiones.

La mejor manera de aplicar la ley de causa y efecto es siendo conscientes de las decisiones que tomamos. La mayoría de nosotros, a pesar de ser tomadores de decisiones, nos hemos convertido en unos paquetes de reflejos condicionados que se están disparando constantemente ante las personas y ante las circunstancias. Nos parece que nuestras reacciones se desencadenan automáticamente por las personas y por las circunstancias y nos olvidamos de que no dejan de ser decisiones que tomamos en cada momento. Sencillamente, estamos tomando decisiones inconscientemente, como el piloto automático que tenemos puesto la mayor parte del tiempo.

Si alguien te insulta, lo más probable es que tomes la decisión de ofenderte. Si te dijeran unas palabras amables, la sensación probable sería alegrarse. Pero, si lo piensas bien, has tomado una decisión sobre cómo reaccionar ante esas palabras. Nadie te puede hacer enfadar sin tu consentimiento. Como muchas veces vamos con el piloto automático, tenemos poco control sobre los pensamientos que entran en nuestra mente, no somos «conscientes» de ellos y decidimos desde esa «inconsciencia».

Como explica Stephen Covey, entre un estímulo externo y tu reacción hay una «decisión». No hay un mecanismo automático que desencadene reacciones ante un estímulo respecto al cual no podemos hacer nada. No es así. Antes de la reacción siempre hay una decisión. Eso nos diferencia de los animales. Tú decides la reacción. Lo que ocurre es que algunas reacciones forman parte de nuestros hábitos y consideramos que son reacciones automáticas («No tengo paciencia», «Yo soy así»...).

El primer paso para poder tomar una decisión es ser «consciente». Si no eres consciente, no puedes cambiar estos hábitos y tomar decisiones diferentes.

La proactividad significa tomar la iniciativa, ser conscientes de que, como seres humanos, somos responsables de nuestras propias vidas a través de las decisiones que tomamos.

Las personas reactivas se ven influidas constantemente por su entorno. Si las cosas van bien, estarán contentas; si van mal, deprimidas. Si las tratan bien, serán felices; si las tratan mal, no lo estarán. Las personas reactivas construyen sus vidas emocionales según el comportamiento de los demás y de las circunstancias.

La capacidad para subordinar los impulsos a los principios es la esencia de la persona proactiva. Las personas reactivas se ven impulsadas por los sentimientos, por las circunstancias, por las condiciones, por el ambiente. Las personas proactivas se mueven por principios. La proactividad se deriva de nuestro control sobre las decisiones que tomamos, decisiones basadas en esos principios y en nuestros objetivos, decisiones sobre lo que hacemos, pero también sobre lo que no hacemos. Las personas proactivas hacen las cosas que han planificado para alcanzar sus objetivos.

Fuerza de voluntad y mejora continua

El éxito no es solo cuestión de suerte o de talento: es cuestión de esfuerzo y perseverancia. Podemos pensar que los que más éxito tienen, los que son más felices, son aquellos que tienen menos problemas y menos dificultades, y eso no es cierto. Las personas más felices no son las que tienen menos problemas, sino las que saben afrontarlos y convivir con ellos, las que adoptan actitudes proactivas frente a estos. Quienes triunfan no tienen menos problemas que quienes fracasan. Las únicas personas que no tienen problemas son las que están en el cementerio.

Anexo. Proactividad

* * *

Cuanto más entreno, más suerte tengo.

TIGER WOODS

* * *

1831: Fracasó en los negocios.
1832: Cayó derrotado para la legislatura.
1833: Segundo fracaso en los negocios.
1836: Sufrió una crisis nerviosa.
1838: Fue derrotado para el puesto de portavoz parlamentario.
1840: Fue derrotado en una elección como miembro de un colegio electoral.
1843: Derrotado para el Congreso.
1848: Derrotado para el Congreso.
1855: Derrotado para el Congreso.
1856: Derrotado para el puesto de vicepresidente.
1858: Derrotado para el Senado.
1860: Abraham Lincoln es elegido presidente de los Estados Unidos.

Vivir y trabajar con entusiasmo

Nadie puede decir que Lincoln ha pasado a la historia como un fracasado, ¡ni mucho menos!; al contrario, es un triunfador. Logró la abolición de la esclavitud y evitó que su país quedara dividido en la guerra de Secesión. Nunca tiró la toalla y, si lees su biografía, te darás cuenta de que a título personal tampoco tuvo una vida fácil: no gozaba de buena salud, perdió un hijo a edad temprana, su mujer tenía frecuentes depresiones, etcétera. Este hombre tuvo un mérito enorme, luchó sin desfallecer, ¡y esta es la gran diferencia entre los grandes y los mediocres!

La historia de Nani Roma, campeón del París-Dakar en el año 2004 en la categoría de motocicletas, tampoco tiene desperdicio:

1996: Debut, 2 victorias, caída y retirada (4.ª etapa).
1997: Caída y retirada (8.ª etapa).
1998: Rotura del motor y retirada (9.ª etapa).
1999: Caída y retirada (5.ª etapa).
2000: Cuatro victorias, rotura del motor, reparación y 17.º en la general.
2001: Tres victorias, caída y retirada (10.ª etapa).
2002: Una victoria, caída y retirada (13.ª etapa).

Anexo. Proactividad

2003: Una victoria, caída y retirada (9.ª etapa).
2004: Dos victorias y campeón.

Si alguien le dijera a Nani Roma: «Usted ganó el Dakar de casualidad», ¡yo creo que le partiría la cara! ¿Casualidad?, ¿qué casualidad?

Kaizen en japonés significa «mejora constante» y es la marca de fábrica de una persona que no para de crecer. Para lograr nuestros objetivos hay que mejorar continuamente, con esfuerzo.

Como ocurre cuando se parte un tronco, todos los hachazos anteriores son inútiles si no conseguimos dar el último, y este último sería inútil sin todos los anteriores.

La falta de voluntad es una enfermedad mental. Si padeces esta debilidad, procura ponerle solución cuanto antes. La fuerza de voluntad y el rigor en la disciplina son comunes en las personas que triunfan. Les permiten hacer las cosas que tienen que hacer para lograr sus objetivos. La fuerza de voluntad te permite madrugar, perseverar, morderte la lengua, ser fiel a los compromisos, etcétera. La mayoría de las personas no utilizan la fuerza de voluntad porque creen no tenerla. Culpan a todos y a todo menos a ellos mismos. Los que duermen más de la cuenta dicen que su cuerpo lo necesita. Los que se preocupan mucho dicen que tienen un trabajo estresante, etcétera. La fuerza de voluntad se pone en forma igual que un músculo: practicando. Cualquiera puede tener fuerza de voluntad si quiere y se esfuerza. La fatiga es una creación de la mente. Para hacer lo que nos gusta siempre estamos menos cansados, madrugamos lo que haga falta, etcétera. Para lograr algo son necesarios el esfuerzo y el compromiso. Por eso una decisión es diferente a un deseo. Las recetas rápidas no funcionan. Todo cambio duradero requiere tiempo y esfuerzo. La perseverancia es la madre del cambio personal.

El arte del *kaizen* se practica con el esfuerzo diario. Esfuérzate por mejorar, haz las cosas que temes, empieza a vivir con energía desbordante, contempla cómo amanece, haz las cosas que siempre has querido hacer. Reflexiona sobre qué es lo que necesitas mejorar y esfuérzate en ello. Identifica las cosas que te frenan. Haz un inventario de tus flaquezas. Afronta tus puntos débiles.

¡Empieza hoy! No te engañes pensando que serás un marido perfecto cuando tengas menos trabajo.

Anexo. Proactividad

No te engañes creyendo que empezarás a enriquecer tu mente, a cuidar tu cuerpo y a nutrir tu alma cuando tengas más dinero o cuando tengas menos problemas o cuando tengas más tiempo. Hoy es el día para empezar. Hoy es el día de agarrar la oportunidad y vivir una vida pletórica. Resulta más fácil dejarlo para mañana que empezar hoy. El mundo está lleno de personas que empezarán mañana. El hecho es que nunca se dará la combinación de circunstancias perfectas que hará que todas tus buenas intenciones se hagan realidad. Lo importante es empezar y, si no se empieza bien, no importa, hay que ir mejorando, pero eso es más fácil. Lo complicado de verdad es empezar. Seguramente tienes muchas cosas que cambiar, pero empieza poco a poco. Un viaje de mil kilómetros empieza con un paso.

El mejor momento fue hace años. El segundo mejor momento es hoy, ahora. No malgastes ni un minuto más de tu vida.

Su opinión es importante.
En futuras ediciones estaremos encantados
de recoger sus comentarios sobre este libro.

Por favor, háganoslos llegar a través de nuestra web:

www.plataformaeditorial.com

Para adquirir nuestros títulos,
consulte con su librero habitual.

«*I cannot live without books*».
«No puedo vivir sin libros».
THOMAS JEFFERSON

Desde 2013, Plataforma Editorial planta un árbol
por cada título publicado.

Este libro ofrece pensamientos inspiradores
que surgen del deseo de transformar organizaciones
y convertirlas en algo que valga la pena,
algo que esquive la mediocridad.

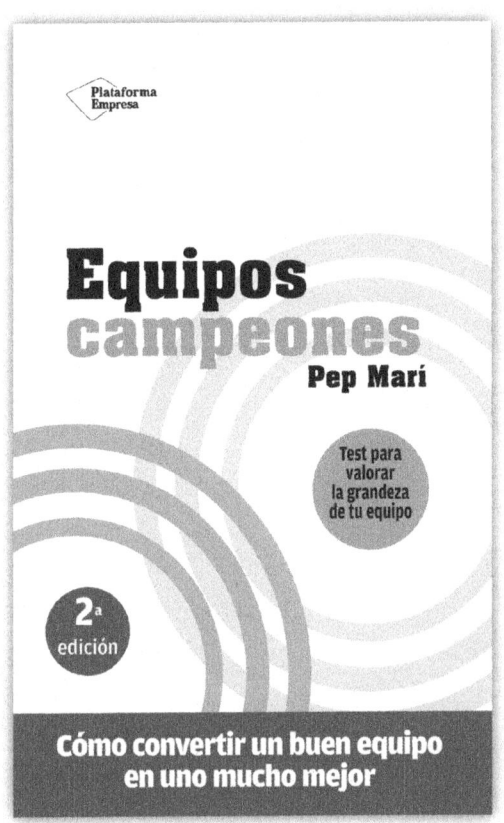

Guía práctica para entender cómo funcionan los equipos
y cómo gestionarlos para que sean mejores día tras día; es decir,
para convertir un buen equipo en el mejor posible.